中国科普创作大奖得主松鹰倾情奉献

科学巨人的故事

KEXUE JUREN DE GUSHI WATE

瓦　特

■ 松　鹰　著

希望出版社

图书在版编目（CIP）数据

瓦特 / 松鹰著. -- 太原：希望出版社，2015.8
（科学巨人的故事）
ISBN 978-7-5379-7364-9

Ⅰ. ①瓦… Ⅱ. ①松… Ⅲ. ①瓦特，J.（1736~1819）-生平事迹-青少年读物 Ⅳ. ①K835.616.16-49

中国版本图书馆 CIP 数据核字(2015)第 176410 号

科学巨人的故事

瓦　特

松　鹰　著

责任编辑	谢琛香
美术编辑	白　翎
复　　审	武志娟
终　　审	杨建云
装帧设计	柏学玲　贾支荣
责任印制	刘一新　尹时春

出　　版： 希望出版社	**地　　址：** 山西省太原市建设南路 21 号
开　　本： 787 × 1092　1/16	**印　　刷：** 山西人民印刷有限责任公司
印　　张： 9.25　185 千字	**版　　次：** 2015 年 9 月第 1 版
印　　数： 1–3000 册	**印　　次：** 2015 年 9 月第 1 次印刷
标准书号： ISBN 978-7-5379-7364-9	
定　　价： 25.00 元	

编辑热线　0351-4922240
发行热线　0351-4123120　4156603

印刷热线　0358-7641044

WATE

瓦特是举世闻名的英国发明家、第一次工业革命的代表人物。他出生在苏格兰一个工匠家庭，从小体弱多病，没有接受过完整的教育。但他勤奋刻苦，自学成才，从一个钟表学徒起步，成长为杰出的发明家和科学家。他对当时已出现的蒸汽机雏形进行了一系列重大改进，发明了实用的新式蒸汽机，广泛地应用于矿山、冶金、纺织、机器制造、交通等领域，对社会生产力的发展作出了重大的贡献。他开辟了人类利用能源的新时代，标志着工业革命的开始，使世界文明完全改观，他因此被誉为“工业革命之父”。

分工、水力特别是蒸汽力的利用、机器的应用，这是从 18 世纪中叶起，工业用来摇撼旧世界基础的三个伟大的杠杆。

——恩格斯

蒸汽机是一个真正的国际发明，而这个事实又证实了一个巨大的历史性进步。

——恩格斯

它（蒸汽机）武装了人类，使人虚微无力的双手变得力大无穷；它健全了人类的头脑，使其能统辖最难以驾驭的东西。它为机械动力在未来创造奇迹、造福后人打下了坚实的基础。

——在瓦特的《讣告》里对蒸汽机发明的赞颂

前言

KEXUE JUREN DE GUSHI

世界因他们而精彩

这套《科学巨人的故事》(第二辑)总共10本,撰写了14位科学巨人的传记故事。他们是居里夫人、诺贝尔、瓦特、斯蒂芬孙、富尔顿、福特、莱特兄弟、麦克斯韦、马可尼、莫尔斯、贝尔、贝尔德和爱迪生。

居里夫人,这位伟大女性发现的镭为癌症患者带来了福音,拯救了无数人的生命。她以自己的勤奋和天赋,在物理学、化学两个领域作出了杰出贡献,成为第一个获得两次诺贝尔奖的人。诺贝尔,这位瑞典化学家、诺贝尔奖的创立者,他一生钟情炸药,却厌恶战争,憧憬和平。他创立的诺贝尔奖,成为全世界科学精英们追求的梦想。

瓦特,这个英国工匠的儿子,他发明的蒸汽机带动了工业革命,使人类的生活和世界文明完全改观。"它(蒸汽机)武装了人类,使人虚弱无力的双手变得力大无穷。"在瓦特蒸汽机的带动下,矿工出身的斯蒂芬孙发明了火车,开辟了全球铁路运输事业;自学成才的工程师富尔顿,造出了世界上第一艘蒸汽机轮船,为世界航海事业作出重大贡献。福特,这个农民出身的汽车大王,他的T型汽车创造了一个时代的奇迹,正是他"为世界装上了轮子",使汽车从奢侈品变成大众化的交通工具。莱特兄弟,这两个想征服蓝天的美国大男孩,历尽挫折,亲密合作,最终实现了人类飞行的梦想。

因为他们,人类可以乘着火车、汽车、轮船和飞机,在陆地上奔驰,在海洋里畅游,在天空中翱翔。人类的生活变得便捷了。

麦克斯韦,这位可与牛顿、爱因斯坦齐名的英国物理学大师,他创立的电磁理论,天才地预见了电磁波,为后来无线电的诞生和发展开辟了道路,被誉为“电波之父”。我们今天生活在电波世界中，电视、广播、无线电通信、导航、遥控、遥测、雷达等现代新技术，都受惠于他的贡献。意大利青年马可尼，后来居上，成功地实现了用电波传递信息，成为举世闻名的无线电发明家。

莫尔斯，这位美国画家 41 岁时因受科普演讲的鼓舞，半路改行研究电报，后来竟创造奇迹，获得成功。他的发明，揭开了人类通信史上崭新的一页。有意思的是，追寻着他的足迹，苏格兰青年贝尔发明了电话，使人类“顺风耳”的梦想成真；另一个苏格兰青年贝尔德，发明了电视，让“千里眼”也变成现实。和贝尔同岁的爱迪生，这位家喻户晓的发明大王，他的留声机、电灯、蓄电池、电影放映机等上千项发明，为我们留下了宝贵的财富，也正是他的发明，让光明常驻人间。

这 14 位科学巨人的成才道路和创业经历，坎坷曲折，多姿多彩。他们的高尚品格和精神风貌，能给人许多启迪。如贝尔发明的电话改变了世界，但他却从不以电话发明家自居，一生致力聋哑儿童的教育。莫尔斯、马可尼、贝尔德都是业余电子爱好者，但是他们敢想敢干，善于吸取前人的经验，最后脱颖而出，摘取了发明的桂冠。爱迪生一生从未停止过发明。他的座右铭是：“我探求人类需要什么，然后我就迈步向前，努力去把它发明出来。”居里夫人热爱祖国，一生淡泊名利，倾其毕生精力从事放射性研究，并为此献出了宝贵的生命……

我们重温他们的故事，倍感亲切，深受鼓舞。他们那种为人类造福的理想，那种敢于创新的精神，那种不怕失败、百折不挠的毅力，将永远激励后人。

可以想象，如果没有他们发明的火车、轮船、汽车、飞机和电灯、电报、电话、无线电、电视，世界将不再精彩。

让我们向这些科学巨人们致敬！

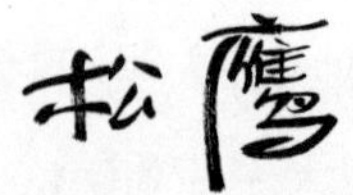

2014 年 2 月 18 日于成都兀岭书房

目录

KEXUE JUREN DE GUSHI

MULU

KEXUE JUREN DE GUSHI

瓦特蒸汽机的问世，是人类近代史上一件翻天覆地的大事。

这一伟大发明改变了世界，人称“它武装了人类，使人虚弱无力的双手变得力大无穷”。过去由人力干的活，或用畜力、风力和水力转动的机器，全部都用蒸汽机来代替了，人类的生活和世界文明完全改观。瓦特蒸汽机的推广运用拉开了工业革命的序幕，使世界进入一个崭新的时代，瓦特因此被誉为人类历史上最著名的发明家。

瓦特并不是第一个发明蒸汽机的人。在他之前，英国工程师纽科门就造出了第一台实用的蒸汽机。但是纽科门的蒸汽机结构原始粗糙，耗煤量惊人，只有英国少数煤矿主能用得起。瓦特对纽科门蒸汽机进行了一系列重大改造，使蒸汽机成为“真正的国际发明”，被推广到全世界。

瓦特发明蒸汽机，也不是单枪匹马完成的。他得到了两位企业家罗伯克和博尔顿的鼎力支持，罗伯克为此倾家荡产，而博尔顿的雄才大略，使瓦特屡次绝路逢生，化险为夷，最后创造了世纪辉煌。

瓦特是一个英国工匠的儿子，他自幼体弱多病，没有接受过完整的教育，但他从小就善于观察，对事物充满好奇心。那个流传甚广的“瓦特和开水壶的故事”，就像牛顿和苹果的故事一样至今脍炙人口。瓦特靠勤奋刻苦，自学成才，从一个钟表学徒起步，成长为杰出的发明家和科学家。

瓦特的成功不是偶然的，他的成才之路能给人许多启迪……

KEXUE JUREN DE GUSHI

木匠的儿子

体弱多病的童年

tiruoduobingdetongnian

在苏格兰西部的克莱德河畔，坐落着一座美丽的古城格拉斯哥。它是苏格兰第一大城市和最大的商港。这里既有航运之便，又盛产煤和铁，所以很早便成为一座工业重镇和外贸商埠，造船业也很发达。

从格拉斯哥出发，沿着克莱德河向西，经过 30 千米的路程便可到达河口地区。克莱德河在这里注入克莱德湾。在宽阔的克莱德河口南岸，有一座名叫格里诺克的小城，人口只有几千户。格里诺克地处河口地带，可以停泊吃水较深的大船，因此成为格拉斯哥的一个辅助港口。当地的居民大都在海港和造船厂干活，生活虽然不算富裕，日子还能过得去。

1736 年 1 月 19 日，瓦特就诞生在格里诺克小城的一个工匠家里。

瓦特的出生地格里诺克

父亲詹姆斯·瓦特是一个技术熟练的造船工，不仅木匠手艺娴熟，还善于搞经营。他的经营范围广泛，除了造船和制作木器家具之外，还承包土木建筑、房屋修缮工程，并做些杂货买卖。他还与人合股置办了几艘船只，从事远洋货运业务。

瓦特的祖籍并不是格里诺克，而在遥远的苏格兰东海岸阿伯丁市。瓦特的祖父名叫托马斯·瓦特，年轻时为了躲避保皇党的迫害，逃到格里诺克附近的小渔村卡茨代克避难，并在这里娶妻生子，定居下来。托马斯·瓦特在当地的学校当数学老师，由于他学识渊博，又勤恳敬业，很受学生们爱戴。为了适应社会发展的需求，他还先后开设了工程勘测和航海技术等课程，为格里诺克港的发展培养了大量的人才。由于这些贡献，托马斯·瓦特在当地颇受尊敬，老年时被选为地方教会会议长老。所谓教会会议长老不仅是个宗教职位，还兼有行政长官之责，当地的市政管理、刑事审判、学校教育等事项都在长老的掌管之下。托马斯·瓦特活了 92 岁，尽享天年，成为格拉斯哥地区时代变革的见证人。

托马斯·瓦特有两个儿子。大儿子约翰·瓦特是一名优秀的土地测量师，曾主持对克莱德河的首次勘测，为后来克莱德河疏浚改造工程有所贡献。小儿子詹姆斯·瓦特（也就是瓦特的父亲）生于 1698 年，从小就爱动脑筋，手也特别灵巧，很讨父母的喜爱。詹姆斯在念完中学以后，便被父亲送到一位造船工匠那里当学徒。造船工的收入很高，在当时是很让人羡慕的职业。

詹姆斯学徒期满出师后，在格里诺克开设了一家小工厂。他的事业一帆风顺，人到中年便像他的父亲一样，成为当地一名绅士和成功人士。他曾担任过格里诺克的市参议员，还一度被推选担任市长。这表明，瓦特家族在当地算是比较显赫的了。詹姆斯 30 岁时爱上了一位出身高贵的姑娘艾格尼丝·莫尔海德，同她喜结连理。莫尔海德家族是苏格兰一个古老的名门望族，地位显赫，人脉很广。艾格尼丝比詹姆斯小 3 岁，结婚以后成为丈夫的贤内助。詹姆斯结婚时，父亲托马斯分给他一份财产，作为成家立业的资本。

詹姆斯用这笔钱，在格里诺克城威廉街的码头附近买了一所房子。这所房子的后院，连着宽阔的克莱德河。詹姆斯在这片空地上，建起了他的木工和造船作坊。詹姆斯的事业和家庭就是从这里开始的。

1736 年 1 月 19 日，瓦特就出生在威廉街的这所房子里。

“听说了吗？瓦特先生的太太又生了个男孩儿。”造船工的老婆们议论着。

“你见过了吗？长得什么模样？”有人好奇地问。

“哎，又瘦又小，就像只剥了皮的兔子。”

“这个恐怕又养不活了。”

艾格尼丝和詹姆斯结婚后已生过五个孩子，但生下来不久都夭折了。瓦特是他们的第六个孩子。邻里们都很同情这位母亲。

“真可怜呀……”大家直叹息。

在威廉街的家里，艾格尼丝瞅着襁褓里瘦弱的小瓦特，眼里含着万般的怜爱。“不能再失去这个宝贝儿子了！”她祈求上帝保佑，让这个小生命存活下来，长大成人。詹姆斯对新生的儿子也充满疼爱。每当下班回到家里，他总会抱起小瓦特把他高高举起：“宝贝儿子，要健康长大哦。”

小瓦特两手在空中舞动，嘴里发出呀呀的声音。

“看你，这会把孩子吓着的！”艾格尼丝嗔怪丈夫。

“不会的，你看这小家伙，还咯咯地笑呢。”

艾格尼丝定睛细看，小瓦特咧着小嘴，果然在笑。霎时间，她感到莫大的慰藉和感动。

“亲爱的，在教堂里注册时就用你的名字给孩子取名吧！”

“好的。”詹姆斯高兴地说，“就叫詹姆斯，小詹姆斯！长大后接我的班。”

艾格尼丝面带微笑说：“但愿咱们的小詹姆斯能像您一样强壮，我就心满意足了！”

在母亲无微不至的照料下，小詹姆斯总算活下来了，一天一天地长大了。不过因为先天不足，他的身体状况并不好，瘦小虚弱，经常生病。整个童年，瓦特一直被病痛所困扰。他得了一种周期性偏头痛，时常头痛恶心，伴有呕吐症状，在光线黑的环境待上一段时间或睡上一觉后头痛才能缓解。而麻烦的是，偏头痛过一段就会再次发作。

由于母亲的担忧和过度保护，瓦特从懂事起就不能像别的孩子那样无忧无虑、自由自在地生活。受母亲的感染，他对自己的健康状况也非常敏感，经常疑神疑鬼，情绪沮丧。他总是把自己关在一个小天地里独自玩耍，或是苦思冥想。这使瓦特从小养成了孤僻和内向的性格。

瓦特出生的年代，英国还处在工业革命的前夜，苏格兰地区的经济和文化教育非常落后。由于生产力低下，老百姓的生活很困苦。每逢闹灾荒时，那些衣衫褴褛的饥民从山里逃难出来，四处抢劫，格里诺克城经常会发生打砸抢的事件。因为社会秩序混乱，加上瓦特体弱多病，在10岁前父母亲几乎不让他上街。瓦特经常在后院里玩耍，观看父亲作坊里的工人做工，他目光专注，一言不发。工友们都很喜欢他。

“这孩子的眼睛忽闪忽闪的，挺机灵。”

“将来一定和他爹一样有本事。”

我也要像牛顿一样

woyeyaoxiangniudunyiyang

瓦特的父亲詹姆斯·瓦特是个科技迷，崇拜科学家。在瓦特家的墙上，挂着两幅肖像画，一幅是科学巨匠牛顿，另一幅是发明对数的苏格兰数学家纳皮尔。纳皮尔的画像留着山羊胡，面容清癯，有点像苦行僧。牛顿的画像戴着假发，面庞丰腴，目光炯炯有神，显得雍容华贵。这是牛顿大师荣登科学顶峰功成名就之后踌躇满志的形象。小瓦特常常目不转睛地望着这幅画像，脑海里遐想联翩。

有一天，他好奇地问："妈妈，那个一头卷卷发的绅士是谁啊？"

"他叫牛顿，是个了不起的大科学家。"

"哦，他的模样好威严呀！"

母亲告诉瓦特，牛顿是一个农民的儿子，从小就爱读书，还特别喜欢动手做东西。牛顿读小学时，经常躲在外祖母家的后屋里，整天用锯子、锤头摆弄一

牛　顿

纳皮尔

些小玩意儿。他独自一人制作模型、风筝、日晷等，尤其对小器械很入迷。牛顿有一双天赐的巧手，他制造的模型精巧实用，村里的孩子们都很崇拜他。

母亲说，有次牛顿做了一架风筝，上面挂着小灯笼，晚上把风筝放上天空，村里的人都以为是彗星横空，被吓了一跳。因为天空出现彗星，在当时是很不吉利的事。第二天，村里人对这件“怪事”议论纷纷，牛顿则躲在屋子里偷偷地乐。

“这个牛顿挺会搞笑的！”瓦特也乐了。

“这不光是搞笑。牛顿的小制作，有的已经是小发明了。”

母亲告诉瓦特，还有一次牛顿制作了一座水钟，特别有意思。牛顿用一个圆木桶做容器，在桶底钻了一个小孔，在桶壁上刻着一些刻度，然后他在木桶里盛满水，水面上摆了一个浮标。木桶里的水透过小孔一滴一滴地漏进下面的容器，随着时间的推移，桶里的水逐渐减少，水面上的浮标慢慢下移，在桶壁上的刻度就指示出时间来。这个原理有点像古代计时的水漏。

“牛顿制作的这个水钟，真好玩呀！”小瓦特听得兴高采烈。

“由于热爱科学，刻苦用功，牛顿后来成了大科学家。”母亲谆谆教导儿子，“他 23 岁就创立了微积分，25 岁发现了万有引力定律，对近代科学的发展作出了杰出的贡献……”

瓦特虽然还不懂什么是“微积分”和“万有引力定律”，但他心想那一定是非常了不起的发现。

“妈妈，我也要像牛顿一样！”瓦特的嘴里突然冒出一句，脸蛋因为兴奋闪着红光。

“咱们家的小詹姆斯，真是个乖孩子呀！”母亲高兴得嘴都合不上了。

父亲詹姆斯·瓦特听说后，抚摸着儿子脑袋夸奖说：“我的儿子是好样的！小小年纪，志气比天高。”

第二天，父亲送了一套木工用具给瓦特。瓦特打开工具匣子，里面的东西琳琅满目，小锯子、刨子、榔头、锉子等，应有尽有。瓦特如获至宝，爱不释手。

作坊里的小天地

父亲还在后院车间的一个角落里，用废旧材料给瓦特做了一个小工作台，虽然很简陋，却是瓦特自己的小天地。小家伙经常一个人在这里忙乎，手里的家伙敲得砰砰响。车间里的工友们瞧着，都向他投去会心的一笑。

“这孩子干劲挺大哦！”

“该不会把工作台砸垮吧？”

“不会的，你瞧他的手多灵巧啊！”

瓦特起初把自己的玩具拆了，再重新组装起来。他可以装得天衣无缝，和原装的一模一样。后来在父亲的指导下，瓦特可以自己制作各式各样的小玩意。比如门扶手、炉子上的吊钩、小滑车模型，还有玩具小风琴，等等。

小工作台成了瓦特操练动手能力的舞台，也是小家伙流连忘返的乐园，它让瓦特从小就学会了使用各种工具的本领。这对培养他日后成为年轻的机械师起了重要的作用。

与众不同的学生

yuzhongbutongdexuesheng

瓦特最初的启蒙教育，都是在家里获得的。父亲教他数学和其他自然科学知识，母亲教他读书、写字和绘画。瓦特很爱学习，从小养成了浓厚的阅读兴趣。瓦特喜欢动脑筋，经常爱提一些有趣的问题。尤其是在绘画方面的天赋也有所表现。小家伙能照着实物写生，把家里的摆设描摹得惟妙惟肖。他还喜欢做手工，用硬纸板做成桌子、椅子和床等各种家具小模型。

由于父母的过分保护和溺爱，瓦特直到10岁之前几乎没有走出过家门。对他来说，外面的世界完全是陌生的。

瓦特11岁的时候，父亲詹姆斯终于说服了母亲，要送他到学校去读书。

瓦特就读的小学是姆亚当学校，坐落在格里诺克市的鲁端街，离家很近。从温馨自在的家庭，突然来到喧闹紧张的学校，瓦特完全不适应。从小在封闭的家庭环境里长大，造成瓦特的性格内向、羞怯，自尊心极强。他独处惯了，不喜欢与同学们交往。老师对这个不合群的新生，也看不顺眼，认为他性格太孤僻，学习成绩平平。在课堂上，瓦特规规矩矩地坐在桌前，显得呆头笨脑。下课后，他也不和大伙儿一起玩耍。同学们邀请他打板球或是在操场赛跑，他总是拒绝参加。瓦特因此被同学们视为另类，经常遭到歧视和欺侮。

“嘿，小呆瓜，你为什么这么高傲呀？”一个胖小子奚落他。

“就像一只秃尾巴孔雀，呵呵！”另一个同学帮腔。

瓦特涨红了脸，默然不语。

“看呀，小呆瓜的脸都涨红啦！”

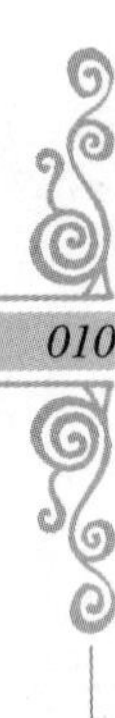

“红得像太阳！”

“红得像苹果！”

“红得像猴子屁股！”

“哈哈哈！”其他人跟着起哄。

“我不是小呆瓜，你们才是。”瓦特闷声回敬了一句，冲出重围，逃之夭夭。在他的身后，掀起顽童们一片幸灾乐祸的欢呼声。

母亲听说瓦特在学校里经常受气，很担忧。

“儿子，他们这么欺负你，干脆别去学校了。”

父亲却不赞同母亲的想法。

“不能采取逃避态度，”他告诫妻子，“儿子迟早要进入社会的。受点委屈，对他也是一种磨炼。”

“你说是吗，小詹姆斯？”父亲鼓励儿子说。

“爸爸，是的。”瓦特觉得爸爸说得有道理。

于是，瓦特每天依然走进姆亚当学校，端正地坐在课堂上，目不斜视地听老师讲课。渐渐地，同学们对他宽容了一些。瓦特也开始学会与大家沟通。虽然他仍然喜欢独处，但是没有以前那么孤立了。

有意思的是，牛顿当年也有过同样的经历。牛顿读中学时，常常扮演一个不受同伴欢迎和被欺负的角色。牛顿是个早产儿，生下来时只有三磅(1 磅约合 450 克)重，瘦得可以装进一夸脱(差不多 1 升)的罐子里。他和瓦特一样，从小身体孱弱，性格内向，不喜欢和男生们一起疯耍游戏，也不和任何人交朋友。在那些公子哥们的心目中，他的形象是只“丑小鸭”，经常遭受他们的嘲笑和戏弄。但女孩子们对牛顿却是另眼看待。牛顿经常和女生们一起玩，在弱者中寻找慰藉。他喜欢制作玩具、针线盒一类的小玩意儿，把它们送给女伴，颇得那些女生们的欢心。

不知瓦特在学校里是否遇到过喜欢自己的女孩，估计他没有牛顿那样的运气。也没有任何迹象表明，腼腆的小学生瓦特会成为一个未来的“天才”。瓦特在姆亚当学校读了两年，日子虽然不太开心，却是从家庭到学校、从父母教育到教师教学、从封闭的安乐窝到开放的小社会的一种必然的转换和磨合。

这种摔打磨炼，对于瓦特的身心锻炼很有益处。儿童的可塑性很大，通过这段小学的生活，使瓦特逐渐克服了孤僻，开始适应集体生活，学习成绩也有了提高。

瓦特 13 岁那年，完成了小学的学业，考进格里诺克市威克尔街的文法学校。这是全市最好的一所中学，师资力量很强，校风也很好。学生大都来自富裕、有教养的家庭，遵守纪律，懂礼貌。在这所文法学校里，瓦特的聪明才智开始显露出来。他的学习成绩在班上总是名列前茅，尤其是数学，每次考试都是全班第一名。这大概和他家墙上挂着数学大师纳皮尔的画像有关系。小家伙从小耳濡目染，对数学自然产生了兴趣。老师们都非常喜欢他。校长比尔松对瓦特特别赏识，常对人讲：“这个孩子心灵手巧，头脑聪明，是个与众不同的学生，将来一定会成为杰出的人才！”

格里诺克以瓦特命名的詹姆斯·瓦特学院

除了热心数学，瓦特对力学和天文学知识也有着浓厚的兴趣。他涉猎了不少这方面的书籍。其中有一本格雷弗森著的《自然科学起源》，更是让瓦特爱不释手。这本书里讲了许多力学知识，包括机械原理、动力、真空等,瓦特读了一遍又一遍,反复琢磨里面讲的道理,有的章节他甚至能够背下来。

瓦特家的南面有一座小丘陵,那里长满了榆树和山毛榉,风光秀丽,空气清新。瓦特天性好静,很喜欢独自到树林里散步。漫步在林间,呼吸着新鲜空气,听着鸟鸣,感受着大自然的奇特和深邃,他会产生丰富的想象。瓦特还有一个习惯,每次散步随身都要带一本书。待登上小山坡,他就会躺在草坪上看书,瓦特感到自己与蓝天白云、书里的智慧,完全融为一体。

天高任鸟飞,海阔凭鱼跃。书里讲的科学真奇妙啊!

瓦特日后能发明改变世界的蒸汽机，和他具有丰富的想象力和强烈的好奇心是分不开的。传说他小时候曾用布把壶嘴堵死，看到蒸汽的力量把壶盖冲开。这一现象激发了他的探索精神。

其实,有关瓦特和开水壶的故事有好几个版本。这些传说类似于牛顿和苹果的故事,既脍炙人口,又耐人寻味。

瓦特和开水壶的故事

watehekaishuihudegushi

据瓦特表妹的回忆,在瓦特 12 岁的时候,有一天瓦特的姨妈来家里做客,她看见小瓦特坐在茶桌旁,正无所事事地对着茶壶出神。姨妈感觉很诧异:其他孩子都喜欢做游戏或者看图画书,这个小家伙却在发什么愣呢?

不一会儿,茶壶里的水开了。壶盖的缝隙溢出白色蒸汽,壶盖被蒸汽掀起来又落下去,发出轻微的咔嗒声。

瓦特一动不动地盯着壶盖,眼里露出好奇的目光。

只见他不停地掀开壶盖,往壶里面瞧,窥测里面有什么奥秘。滚开的水冒着气泡,水蒸气就从那些泡里冒出来,再蒸腾向上,扩散开来……接着,小家伙盖上壶盖,又用手指按住盖顶,仿佛不让壶里面的“猛兽”跑出来。

茶壶里不停地发出水沸腾的咕咕声响。

姨妈看见外甥的动作,脸上的表情哭笑不得。

瓦特并不理会姨妈的表情。他拿起一把银调羹挡住茶壶口,从壶口喷出的蒸汽在银调羹上逐渐凝成水滴,水滴又顺着调羹滴下来。瓦特放下银调羹,又拿起一个茶杯挡住壶口。蒸汽喷进茶杯里,凝结成水滴,缓缓地滑落在杯底。

瓦特煞有其事地数着:“一滴、两滴、三滴……”

姨妈实在忍不住了:“詹姆斯,我从来没有见过像你这样闲得无聊的男孩!快去拿本书看或做些有用的事。你已经半天没说话了,只会打开壶盖然后再盖上,现在又拿一个调羹和茶杯放在蒸汽上面折腾……”

瓦特似乎没有听见姨妈的唠叨,仍然盯着开水壶出神。

“詹姆斯,你真是个小呆瓜,瞪着水壶发呆有什么用呀?”姨妈生气了,大声呵斥道。

瓦特一言不发,仍然注视着喷着水蒸气的壶口。

姨妈无奈地摇摇头,转身去厨房了。过了一会儿,她回到茶桌旁,瓦特还在摆弄桌子上的开水壶,脸上露出若有所思的神情。

“我的小少爷,你还在发呆呀!”姨妈没好气地说。

这时,瓦特正用手里的银调羹堵住茶壶口喷出的蒸汽,银调羹在蒸汽的推动下有节奏地抖动着。瓦特惊奇得睁大了眼睛。

“姨妈,蒸汽的推动力真大呀!”瓦特终于开口说话了。

“哦,是呀,是呀!”

姨妈方才明白,自己的外甥并不是小呆瓜。原来瓦特一直在观察蒸汽的作用，思考力学问题。他的好奇心和专注精神，已远远超过学校里那些整天只知疯耍打架的同学。

姨妈把瓦特抱在怀里感动地说："詹姆斯，你将来一定会成为有出息的人！"

姨妈的话成了吉言。多年后，瓦特真的成为改变世界的发明家。

瓦特和开水壶的故事，在英国几乎家喻户晓。

细心的读者会发现，这幅《瓦特和母亲》的插图，画的就是瓦特专注于壶水沸腾的情景。瓦特正左手托腮，右手食指按着壶盖，脸上一副沉思的模样。不过站在瓦特身旁的，不是瓦特的姨妈，而是他的母亲——雍容华贵的艾格尼丝。这位气质高雅的夫人，正用鼓励的眼神瞅着儿子。而瓦特穿着紧身外套、白色长袜、小皮鞋，正是当时富裕家庭孩子的典型打扮。

瓦特和母亲(绘画)

瓦特和开水壶的故事，成了孩子们善于观察、爱动脑筋的范例。它启发孩子要善于观察周围发生的现象，小现象可能包含着大道理，能诱发孩子们对科学世界的向往。

瓦特和开水壶的故事(马科斯·斯通绘)

《瓦特和开水壶的故事》是英国画家马科斯·斯通所绘，画的就是瓦特专注于茶壶水开的生动情景。这幅油画很著名。画里面小瓦特正和父母一起用茶，餐桌上放着水壶，瓦特正聚精会神地观察蒸汽由沸腾的水壶中冒出来。他拿起银勺子挡住壶口，观察蒸汽凝结的情形。瓦特的姿态和脸上的神情专注而执着。

正在喝茶的父母，饶有兴趣地注视着儿子的举动。魁梧威严的父亲手里端着茶杯，表情挺随意。母亲的眼里却带着期待和几分惊喜，或许她在为儿子的探索精神感到骄傲。

由于瓦特和开水壶的故事广为流传，人们以为瓦特是在家中喝茶时产生了蒸汽机的构想。也有人怀疑这个故事的真实性。当然，历史的真实自然不会这么简单。

事实上，瓦特发明蒸汽机并不是因为他儿时的灵感，而是吸收前人的成果和他个人艰苦努力的结果，也是当时时代需求的产物。

瓦特日后能发明改变世界的蒸汽机，除了他具有强烈的好奇心和想象力外，和他在父亲的影响下，从小就有实验的兴趣和才能也有莫大的关系。

瓦特在课余时间里，经常泡在父亲工厂的小工作台旁，制作自己创意的小玩意儿。他不满足于单纯的粗细木工活，对金属器件也很感兴趣。詹姆斯特地给儿子建了一个小熔炉，可以熔化金属，铸造各种小零件。在父亲的悉心指导下，瓦特学会了制作仪器的各种手艺，包括铸工、钳工、锻工等活计，掌握了一个机械师所必备的技能。他浇铸了一枚自己设计的银币（这枚银币后来珍藏在瓦特纪念馆里），还帮父亲制作过一些机器模型，父亲非常满意。工友们称赞说："这孩子真是神童，任何材料到了他的手里都能制成有用的东西。"

瓦特最得心应手的是制作精巧的金属器件。他还学会了修理诸如四分仪、小罗盘等仪器，在当时这些物件可算是高级科学仪器了。

KEXUE JUREN DE GUSHI

学徒生涯

家遭变故

jiazaobiangu

瓦特中学毕业之前，家庭意外遭遇不幸。关于这场变故的具体情况，在瓦特的传记里记录不详。比较确切的是，1753年，瓦特17岁时母亲不幸病故，享年仅52岁。瓦特的母亲艾格尼丝一共生了8个孩子，只活下来3个，瓦特还有一个弟弟约翰和一个妹妹。艾格尼丝虽然出身贵族，却丝毫没有豪门小姐的骄矜之气。她温柔贤淑，勤俭持家，相夫教子，是全家的福星和灵魂。她也是瓦特从小的启蒙老师和守护天使。

母亲的去世，对瓦特来说是莫大的打击。

"这个世界上最爱我的人永远离去了！"瓦特沉浸在巨大的悲痛之中。

更不幸的是，母亲去世后，父亲的生意开始走下坡路，后来几乎到了破产边缘。詹姆斯·瓦特从一个造船工起步，不辞辛劳，勤奋创业，后来发展到承包土建工程，经营造船厂，还与人合股经营船队，进行海运业务，事业一直很红火。没料到，天有不测风云。瓦特父亲有一艘跑远洋的帆船，在运货去美洲的途中，不幸遭遇风暴沉没，船上的人全部遇难。更不幸的是，瓦特的弟弟约翰也在这条船上。对于父亲詹姆斯来说，不仅爱子身亡，一条远洋帆船也没有了，还要赔偿船上的货物和支付船员们的死亡抚恤金，惨痛的损失使他受到毁灭性的打击。父亲不得不变卖家产，以渡过难关。

这场变故改变了瓦特的生活道路。

瓦特中学时就读的是全市最好的中学，而且品学兼优，学习成绩名列前茅。如果不是家遭不幸，他将顺利地步入大学，成为一名受过高等教育的学者或者教授。不过瓦特也将会是另一种人生，很可能就不会与蒸汽机发生关系，因为当时从事蒸汽机相关工作的，还大多是工匠。

面对家庭的困难，瓦特主动向父亲提出要出去拜师学艺，这样既可减轻家庭的经济负担，也能学到一门谋生的手艺。

老詹姆斯很支持瓦特的决定。

“儿子，你想学什么手艺呢？”他问瓦特。

“我想学数学仪器。”

瓦特的理想是圆数学仪器之梦。在当时的英国，所谓数学仪器是指各种利用力学原理制造的精密机械与仪器，包括圆规等教学仪器、钟表、各种航海仪、望远镜和天文仪器等。对操作或负责修理数学仪器的工匠，技术水平要求很高，实际上就相当于机械工程师——不仅需要具备熟练的动手能力，还必须懂得相关的科学理论知识。瓦特觉得选择这个工作，自己的爱好和志趣也许可以得到充分的发挥。

老詹姆斯很满意儿子的志向。

“数学仪器可不简单，你要好好学啊！”

1754 年夏天，18 岁的瓦特只身来到格拉斯哥当学徒。这个城市对瓦特来说并不陌生。他 14 岁时因为偏头痛发作，妈妈曾送他和弟弟约翰来这里疗养过一段时间，就住在一个远房舅舅莫尔海德家里。那是一段值得怀念的时光。

莫尔海德舅舅是大学的古代语言教授，很有学问。他们全家人都很喜欢这兄弟俩。每天晚上，瓦特都爱滔滔不绝地向大家讲述自编的稀奇古怪的故事，搞得大家都兴奋得睡不好觉。有意思的是，一讲起故事来瓦特的头就不痛了。莫尔海德舅舅打趣道，凭瓦特的想象力和口才可以去当作家和演说家了。瓦特还在莫尔海德家结识了一些大学生，他们诙谐有趣，充满活力，都把瓦特当小兄弟看，和他讨论电学的新发明莱顿瓶，还有医学解剖等学术问题。瓦特一度对医学发生了兴趣，不知道他从哪里找来一只死老鼠进行解剖，想探明哺乳动物的内脏。幸亏被莫尔海德舅舅发现，这个恶作剧才没有继续下去。

瓦特这次来格拉斯哥当学徒，还是住在莫尔海德舅舅家里。莫尔海德教授很同情瓦特家的遭遇，对他尽可能给予帮助。

当时的格拉斯哥还是一座古老落后的城市。虽然它是航运和商贸的重镇，但是开化得较晚。整座城市里，除了教堂和格拉斯哥大学以外，几乎看不到像样点的建筑。街上只有酒馆，没有咖啡店、戏院，也没有图书馆和博物馆。当地甚至连一张报纸也没有。格拉斯哥居民每天只能看从伦敦运来的报纸，那都是一个星期以前的旧闻了。

格拉斯哥没有专门制造数学仪器的工厂，瓦特只能去一家挂着“眼镜商行”招牌的铺子当学徒。这是一家万能商店，除了专门修理眼镜，兼修简单的制图仪器，并可为钢琴和管风琴调音，此外还卖一些钓鱼的鱼竿、鱼饵之类的东西。

18世纪的格拉斯哥(绘画)

瓦特在这里学艺，多数时间是在打杂，技术类的活并不多。

迪克博士

所幸的是，在莫尔海德舅舅的介绍下，瓦特认识了格拉斯哥大学的迪克博士。迪克博士是格拉斯哥大学的自然科学教授，学识渊博，德高望重。当时有一批数学仪器运到格拉斯哥大学，迪克博士让瓦特来学校里帮他进行装配。瓦特的任务完成得很好，迪克博士非常满意。他很赏识瓦特的聪明和娴熟的技能。

“你的本事是从哪里学来的？”他问瓦特。

“我父亲是一个非常能干的工匠。”瓦特自豪地说，“我的技术一半是父亲教我的，一半是我自学的。”

瓦特说起小时候父亲送自己工具箱和工作台的事，迪克博士很感动。瓦特对迪克博士也非常敬佩。他俩因此成了忘年交，形同师生。迪克博士经常让瓦特到自己的实验室，观摩自己做实验，并给他讲解一些科学推理的方法。瓦特从迪克博士那里学到很多东西。他后来对人说：“在自然科学的研究上，我从迪克博士那里学到了实验的科学方法，我今天之所以能够在发明界立足，完全是他的功劳。”

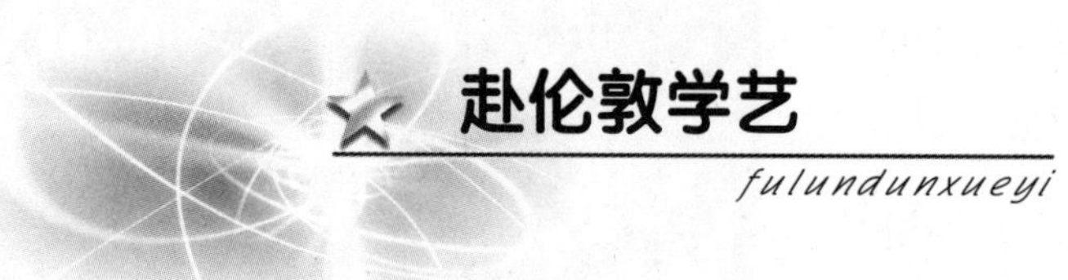

赴伦敦学艺

fulundunxueyi

迪克博士告诉瓦特，要想成为一名优秀的机械师，应该去伦敦拜师学艺。

“那里聚集了全英国顶级的仪器制造商，还有一批精通科学仪器的名师高人。要是能拜他们为师，就能学到真正的技术。”迪克博士说。

“我能行吗？”

“能行，你的悟性高，素质好，是从事这一行的好料。”迪克博士鼓励他说。

“那我和父亲商量一下。”瓦特动心了。

“如果你有心要去，我能帮助你。”迪克博士说，“我在伦敦有熟人，你去找一个叫詹姆斯·肖特的人，就说是迪克博士介绍来的。”

“哦，那太谢谢您啦！”瓦特喜出望外。

瓦特回到格里诺克，把这个打算告诉了父亲。

“迪克博士的提议敢情好。”老詹姆斯听后既高兴又犹豫，他迟疑地说，“伦敦离格里诺克太远了，你这样贸然前往，并没有多大把握。”

“爸爸，我不怕路途遥远。我都19岁了，天涯海角我都敢闯。”瓦特说。

老詹姆斯的表情十分复杂。儿子若真能拜在名师门下学艺，当然是一个很难得的机会。但是伦敦远在天边，那里举目无亲，迪克博士的话靠得住吗？

瓦特猜出父亲的犹豫，执着地说：“我相信迪克博士说的话，去伦敦一定会找到机会的。”

“就算是这样，你考虑过没有，去伦敦学艺的吃住行等费用，也是一笔不小的开支。”

“这些我都可以自己解决。”瓦特态度坚定,“我知道家里的经济不宽裕。我会尽量节省开销,一个铜板掰成两个用……不用家里给我寄一分钱。”

老詹姆斯终于被儿子说服了,同意他前往伦敦。

1755 年夏天,19 岁的瓦特背着行囊,动身南下。

伦敦位于英格兰东南部的平原上,跨过泰晤士河,再南端就是英吉利海峡了。从格拉斯哥到伦敦,路途遥远,两地相距 640 千米,而且道路崎岖。当时火车还没有发明,也没有汽车,只能乘坐马车或者骑马。瓦特是骑着马前往伦敦的,一说是他买了一匹马当坐骑,但也有资料记载,他是跟着马帮走的。反正一路颠簸,沿着克莱德河谷南下,翻过切维厄特丘陵,再沿着奔宁山脉的山间小路蜿蜒南行,历尽艰险。走了整整 12 天,瓦特终于抵达伦敦——他心驰神往的大都会。

瓦特站在伦敦街头,手拎着行囊,举目四顾。

“哦,这就是伦敦啊!”他惊讶地叹道。

瓦特曾在书里读过,伦敦曾经发生过一次大火灾。1666 年的这场大火,整整烧了四天四夜,有 90 座教堂和 13000 多栋房屋被化为灰烬。大约有 80 万人流离失所,无家可归。不过,也正是这场大火把当时肆虐伦敦的鼠疫灭绝了。灾后的伦敦开始了重建工程,获得新生。为防止重蹈覆辙,英王下令以后所有在伦敦建造的房屋,一律使用石头和砖瓦为

伦敦市中心广场

建筑材料，不再采用木材。如今，这座石头砌成的大都市就赫然耸立在眼前。

身处闹市之中，瓦特感到自己像一粒从北方飘来的沙子，孤零、渺小，无人理会。伦敦的繁华令人目不暇接。这里高楼林立，商铺鳞次栉比，大街上车水马龙，熙熙攘攘。载货的马车隆隆而过。体面的绅士坐在私家马车里招摇过市，车夫扬着手里的马鞭，啪啪作响。一位撑着阳伞的贵妇人，牵着小狗悠然而行，人群中有人向她投去艳羡的目光。

瓦特打开行囊，小心地掏出迪克博士的介绍信，信封上写着地址“斯特兰德街 123 号”。他一路打听，终于找到这条位于闹市中的街道。

“请问，詹姆斯·肖特先生住在这条街上吗？”他问一个店铺的年轻店员。

“哦，小伙子，你是问肖特先生？他可是位大名鼎鼎的仪器制造大师啊！”店员一头红发，说话粗声大气的。

“是的，我找的就是大师！”瓦特很兴奋，“我是来投奔他做徒弟的。”

“哦，能够当肖特大师的徒弟，你真幸运呀！”红头发店员打量着瓦特，语气中略带恭喜。

“谢谢您啦！”

瓦特谢过他，沿街找到 123 号，只见门楣上钉着一块黄铜铭牌，上面镌刻着“詹姆斯·肖特仪器制造商”的字样。

“请问，詹姆斯·肖特先生在吗？”瓦特推开玻璃门恭敬地问。

“你找詹姆斯·肖特先生有什么事吗？”

一个小厮迎上来，看上去只有十四五岁，一张胖胖的皮球脸。

“我是格拉斯哥大学迪克博士介绍来的，想拜会詹姆斯·肖特先生。”

“哦，你跟我来。”

小厮把瓦特带进去，穿过一个车间模样的房间，工作台上摆满了精致的仪器，琳琅满目，金属部件熠熠闪光。几个正俯身检测仪器的工匠，抬头瞥了瓦特一眼。

小厮把瓦特引到一间装修豪华的屋子，四壁都是图书，柜子里摆着各种仪器模型。一个两鬓灰白、嘴里叼着雪茄的老者从大班台后扬起脸，他相貌和蔼，目光炯炯有神。

瓦特递上迪克博士的介绍信，恭敬地说："我从格拉斯哥来，是迪克博士介绍的，希望能拜詹姆斯·肖特大师您为师。"

"我不是大师，一个仪器商而已。"肖特先生吐出一口青烟，呵呵地笑道。

他读罢迪克博士的信，对瓦特非常客气。他叫小厮给瓦特沏了一杯茶，完全把他当客人对待。瓦特受宠若惊，心想拜师的事八成有望了。

"迪克教授还好吧？"肖特先生问瓦特，"我们差不多有四五年没见面了。"

"挺好的，迪克教授说若能投在您的门下学习手艺，会受益无穷。"

行规森严

hangguisenyan

不料，谈起拜师的事，肖特先生却不肯答应。

"这件事不好办。"他说。

"哦?！"瓦特顿时傻了眼。

原来，当时伦敦的行规是很严的。根据仪器制造商公会的雇佣规定，像瓦特这种情况，不具备做肖特先生徒弟的资格。任何一个外来户，想进入一门专业技术行业并站住脚，是非常不容易的事。按照中世纪遗留下来的陈规陋习，拜师学艺满 7 年才能出师，不仅白给师傅干活，还要先交一笔学艺费。而科学仪器当时属于高精尖领域，竞争很厉害，保守一点的师傅都不愿收徒弟，怕徒弟学成后，会抢了师傅的饭碗。

“我千里迢迢来伦敦，就是要拜您为师。”瓦特恳求肖特先生。

“小伙子，真的不行！”肖特先生的脸上露出遗憾的表情。

“可是迪克博士告诉我，只要找到詹姆斯·肖特先生，说是迪克博士介绍来的就行啰。”瓦特拼命想抓住一根稻草。

“迪克博士说你头脑聪明，技术娴熟，是块搞数学仪器的好料。”肖特先生惋惜地说，“也许迪克博士不晓得，伦敦并不是学技术的天堂，而是行业恶性竞争的战场，稍有闪失就会跌入万劫不复的深渊……”

瓦特从商行告辞出来，漫无目的地走在街上，心中感到很失落。

“嘿，小伙子，肖特大师收你做徒弟啦？”那个红头发店员远远地与他打招呼。

瓦特摇摇头，丧气地说：“没有。”

“为什么呀？”

“伦敦的行规森严，肖特大师也爱莫能助。”

“这个老头在业界很有威望，又是好脾气，你多央求他，没准能给你找条出路。”红头发店员给瓦特献计。

“真的？”瓦特问。

“你试试看呗！”

瓦特找了个鸡毛店住下，夜里辗转反侧，难以入睡。

第二天，瓦特再次登门拜访。

“哦，小伙子，又是你呀！”肖特先生的态度依然很和善。

瓦特特地买了一个雕花烟斗，送给肖特先生。老先生喜欢抽雪茄，笑嘻嘻地把玩着烟斗，气色很好。

“小伙子，你还挺有心。”

“迪克博士说,您在仪器行业是大师级的人物,又是个大好人,德高望重,人脉广泛,没有您解决不了的难题……”瓦特把昨晚想好的话背了一遍。

“你挺会给我戴高帽子啊!”肖特先生呵呵地笑起来。他对瓦特的恭维还是挺受用的。

“在伦敦的数学仪器界,我说话的确还是有点影响力。”他得意地说。

“大师,您是业界领袖,能不能给我想想办法?”瓦特不失时机地央求。他的虔诚态度终于打动了肖特先生。

“好吧,既然迪克博士这么赏识你,我就破例帮你一把。”肖特先生爽快地答应了。

“伦敦有个叫约翰·摩根的数学仪器制造商,是我的朋友。你去找找他。”

“太谢谢您啦!”瓦特起身行礼,仿佛遇到了救星。

正是精诚所至,金石为开。几天后,在肖特先生的推荐下,瓦特幸运地成为约翰·摩根的徒弟。这位摩根师傅是伦敦数学仪器界的大腕,技术水平一流,理论素养也很高,是那种学者型的高级机械师。三年前,他曾为西班牙国王制作了一台64厘米的反射望远镜,收费竟高达1200英镑。这项大手笔制作令他在业界名声大震,名利双收。摩根经营的数学器具制造厂(实际是高档店铺),在伦敦同行里也是规模较大的。由于摩根的名气很大,他敢于无视行业公会的那些不合理的条规。

摩根是个身体魁梧的大胖子,体重250磅(约相当于113千克),喜欢饮酒,为人豪爽。第一次见面,他对瓦特就产生了好感。

“从格拉斯哥来的?苏格兰小子哦,会吹风笛吗?那里产的威士忌口味挺不错的。”

“我会吹风笛,还会给管风琴调音哩。”瓦特回答。

“肖特先生说,迪克教授夸你心灵手巧,果然是真的哦。”

“先生过奖了。”瓦特拘谨地说。

“好吧，看在老朋友肖特的情面上，我就收你为徒。”

“我一定勤奋努力，把最好的技术学到手。”瓦特感激涕零。

“你把最好的技术学到手，我不就失业了嘛！”摩根大声笑道，“哈哈哈，和你开玩笑的！”

“学徒期要7年吗？”瓦特担心学徒时间太长。

“用不着，给我当徒弟，时间可长可短，这要看你的造化了。”摩根的规矩不拘一格。另外，他收瓦特的学艺费也是优惠的，一年只交20基尼。基尼是当时英国的货币，1基尼相当于1英镑5便士。

就这样，瓦特幸运地成为摩根师傅的徒弟。

天道酬勤

tiandaochouqin

摩根的店铺坐落在伦敦市中心广场附近，房间很宽敞，手下的人也比肖特的商行多。摩根师傅坐在最里面，墙上挂着有钟摆的闹钟，侧柜里摆满各式各样的仪器制品，大多是黄铜制作的，看上去金灿灿的。摩根俯身在工作台前，专注地制作精密的零件，他一面操作，一面示范给瓦特看。瓦特一一默记在心。所有的零件都是手工活，要求非常精确，操作时必须全神贯注。

在摩根师傅的周围，是一些学成技艺的技工，其次再按正式工和徒弟们的身份、工龄，依次而坐。瓦特是新来的，他的座位自然安排在最外面。如果店里有客户来访，他还要充当门卫和接待员。

瓦特在摩根的店铺里一面干活，一面学手艺。他很勤快，也很辛苦，每天要干10个小时的活。但他不怕累，能吃苦，学习废寝忘食，所以进步很快。

起初，摩根师傅让他做些黄铜尺子、圆规、量弧器一类简单的数学工具。瓦特埋头苦干，细心打磨，做出来的东西毫厘不差。摩根师傅很满意，就把较复杂的仪器交给他做。

两个月后的一天，摩根师傅交给瓦特一张设计图。

"这是求积仪的图纸，你能不能做出来？"

所谓求积仪，是一种测定图形面积的精密仪器。使用时将底部具有小针的重物压于图纸上作为极点，然后将针尖沿着图形的轮廓线移动一周，在记数盘与测轮上读得分划值，从而算出图形的面积。

"我能做。"瓦特信心满满地回答。

"那你试试看吧！"

瓦特废寝忘食，整整忙活了一个星期，终于按照图纸要求把求积仪做出来了。他一脸的疲惫，眼里布满血丝，心里却很兴奋。

"摩根师傅，求积仪我做出来了，请您检验！"

"哦，这么快？我瞧瞧！"

摩根接过这架铜质的新仪器，上下检查了一番，完全符合图纸的要求，不禁大喜。有个比瓦特早来学艺两年的徒弟，做出来的求积仪还不如瓦特制作得精致准确。

四个月后，摩根师傅已经放心地交给他制作诸如函数尺、经纬仪等高级的仪器了。到年底，瓦特用黄铜制作了一件法式接头的两脚规，被评为全行业中最杰出的作品。他制作的函数尺也像艺术品一样完美。

摩根师傅称赞说："它们完全可以和市场上任何能工巧匠的制品媲美！"

瓦特能取得这样的成绩，和他的刻苦勤奋是分不开的。在来伦敦的一年时间里，他只上过两次街。他不喜欢伦敦的喧闹和繁华，也没有时间去逛马路看

招募队强行抓走一个船工新郎(左二)

稀奇。别的工匠伙计休息时,都喜欢三五成群地外出游乐，寻找刺激。瓦特从来没有休息时间,他把所有的时间都用来干活和苦学技术了。

瓦特对伦敦的花花世界敬而远之,还有一个原因,就是当时英国东印度公司在伦敦强行招募水兵，外来的年轻人在街上被碰到,马上会被强行抓走充当炮灰。

这家臭名昭著的公司是由英王授权的集军事、政治,经济合一的殖民机构,它具有对外贸易独占权,而且拥有包括舰队在内的军队,可在殖民地建立政府机构,对殖民地进行残暴的政治统治、经济掠夺,以至于贩卖奴隶、毒品等。1840 年的鸦片战争,就是英国东印度公司发动的。瓦特来伦敦这个时期,英国和法国正为争夺海外殖民地进行战争,英国的无敌舰队在诺肖克湾被法国舰队一举击溃。英国政府为了补充兵力,颁布了强行征兵法。由于有政府做后台,招募队有恃无恐,见人便抓。上面这幅画中的情景,就是招募队不分青红皂白,大白天里强行抓走一个刚结婚的船工新郎的场面。瓦特给父亲写信说:“现在，他们对能抓到的任何人,无论是不会游泳的旱鸭子,还是熟悉水性的海员,都要逼迫去当水兵。只有在伦敦城的辖区里,他们须把抓到的人先送给市长审查,然后才允许把不受其保护的人带走。也就是说,在那些被抓的壮丁中,只有能证明自己是学徒或是可靠的商人,才有可能被放掉。假如我被他们抓到,我还不敢承认自己在伦敦城里当学徒工，因为一个没有取得市民身份的人在辖区里工作，即使是打短工,也是违法的。”

瓦特是苏格兰来的外乡人,既不是伦敦市民,又不是行会的会员,完全不受法律的保护。一到天黑,招募队的人就四处出动在街上抓人。伦敦警察也出面,帮着招募队逮人。有一天夜里,全伦敦竟然抓走了1000多名壮丁,连普通居民都感到生活在恐惧之中。瓦特和伙计们每天都在提心吊胆中度过。

所幸的是瓦特小心谨慎,足不出户,总算平安无事。

瓦特的学徒生涯非常清苦。他省吃俭用,尽可能节省开支。正如他向父亲保证的,“一个铜板掰成两个用”。每个星期瓦特只花8个先令(1基尼等于21先令)的伙食费,其他的花费都节省了。他在给父亲的信里诙谐地说:“如果要再压缩开支,你儿子的肠子只好唱歌了!”也就是说要饥肠辘辘挨饿了。由于劳累过度,营养不良,瓦特的健康受到很大影响。他时常犯偏头痛,还得了风湿病。伦敦的雾霾令他感到窒息。瓦特期盼着早日学成,尽快回到克莱德海滨阳光普照的家乡和父亲的身边。

瓦特来伦敦一年后,以惊人的速度掌握了制作数学仪器的全部技术,成为一名正式工人。1756年4月,瓦特给父亲的信中写道:“我认为不管在什么地方,我都不愁没有饭吃,因为现在我已经能像大多数工匠那样出色地工作了。”

这年夏天,瓦特告别摩根师傅,依依不舍地离开了那个让他学会许多东西的地方,回到家乡格里诺克。瓦特用节衣缩食攒下的积蓄,买了一本大部头工具书——《数学仪器的制造和使用》,作为今后工作的技术指南。剩下的钱除了留下路费,他全部用来采购金属材料了。

20岁的瓦特雄心勃勃,准备回到格里诺克后自己开业。

KEXUE JUREN DE GUSHI

大学里的店铺

初试牛刀

chushiniudao

格里诺克阳光明媚，晴空万里。

“儿子，你回来啦?！”年近花甲的詹姆斯张开双臂，欢迎瓦特归来。

“爸爸，您老身体还好吧？”瓦特向父亲请安。

“好，挺好的。”老詹姆斯说。

“我已经学会了一般数学仪器的制造技术，可以独立门户了。”瓦特兴奋地报告说。

“这太好啦！多亏乡亲们的帮忙，家里店铺的生意也有了起色。”父亲感到莫大的慰藉。

“咱们家可望重整旗鼓了。”

“好样的，儿子。”父亲抚摸着瓦特消瘦的肩膀，慈爱地说，“这一年你真是累坏啦，先在家里休养一阵再说吧。”

在父亲的劝告下，瓦特静下心来休息了一段时间。他常到海滨游泳、晒太阳，沐浴着克莱德湾的海风，畅想未来。远方一群海鸥在空中盘旋翻飞。湛蓝色的海面上，千帆竞发，白色的船帆鼓满海风，像旌旗在飘扬。

瓦特喃喃地说：“我要做一个像摩根那样技术精湛的数学仪器大师。”

这就是他的梦想。

瓦特的身体状况恢复得很快。经过一个多月的休整和锻炼，他的皮肤晒得黝黑，偏头痛等毛病都好了，身体也变结实了。从名师那里学到了技术，又有了健康的身体，瓦特可以大展拳脚了。但是创业该从哪里起步，他一时还没拿定主意。

恰好在这个时候,一个难得的机会在向他招手。

8月,瓦特前往格拉斯哥大学拜访迪克博士,一是报告自己已学成回来,二是向迪克博士致谢。

迪克博士见到阔别一年的瓦特,又惊又喜。

“好小子,你这么快就出师啦! 真是出类拔萃哦。”

“全凭迪克博士的鼎力推荐。”瓦特向恩师深深地鞠躬。

“哪里,哪里,完全靠你自己的努力。”

迪克博士拍着瓦特的肩膀,开心地说:“你来得太好了!格拉斯哥大学正好进了一批精密的科学仪器,需要技师维修和调试。”

“真的吗?”瓦特一听,非常振奋。格拉斯哥大学可是苏格兰的最高学府啊!

格拉斯哥大学创建于1451年,具有悠久的历史,是英国最古老的四所大学之一(其他三所分别是牛津大学、剑桥大学和圣安德鲁斯大学),同时也是全球最古老的十所大学之一。从中世纪开始,格拉斯哥大学就是一所文理医工并重的综合性大学,培养出许多杰出人物,诸如经济学之父亚当·斯密(1723—1790)、热力学绝对温标的创建者开尔文(1824—1907)、电磁理论创始人麦克斯韦(1831—1879)、外科手术消毒技术创立者约瑟夫·李斯特(1827—1912)、电视发明家贝尔德(1888—1946)等人。瓦特来到格拉斯哥大学的时候,亚当·斯密正在学校里担任哲学教授,并潜心撰写《道德情操论》。这位古典经济学鼻祖,后来还担任过格拉斯哥大学的荣誉校长。格拉斯哥大学坐落在市中心哈伊街,建筑虽然有些陈旧了,但看上去古朴庄严。对当时的英国学术界来说,这里是新科学的前哨,正孕育着一股新生的伟大力量。

对于瓦特来说,能够参加这批精密仪器的维修工作,真是天赐良机。

迪克博士告诉瓦特,英国贵族迈克菲伦将军向格拉斯哥大学捐赠了一批珍贵的仪器。这位迈克菲伦将军是格拉斯哥人，他在印度尼西亚的爪哇有一座私人天文观察台。将军去世时，在遗嘱里把这批精密仪器全部捐赠给了格拉斯哥大学。这些仪器价值不菲，非常高级，精度很高。格拉斯哥大学天文系的教授们如获至宝，非常珍惜。但是从爪哇的天文台拆运到格拉斯哥，由于漫长的海运，仪器受损严重，有的部件还生了锈，不能正常使用。

"我很愿意参加仪器的清洗和修复工作。"瓦特自告奋勇。

"如果让你一个人来干，能不能完成？"迪克博士问瓦特。

"我能行！"瓦特回答。

于是，迪克博士向校方推荐，请瓦特来负责这批仪器的拆卸、清洗和检修工作。

"瓦特这个年轻人刚学徒出师，他能行吗？"一位校董有点不放心。

"他可是伦敦大名鼎鼎的摩根师傅的徒弟，名师出高徒嘛。"迪克博士自信

历史悠久的格拉斯哥大学

地答道。于是校方采纳了迪克的建议。

瓦特以极大的热情投入了这项工作。这是他出师后接的第一个大项目,对他的前途至关重要。迪克博士在学校的自然科学教学楼附近,给瓦特找了一间工作室,以方便他进行工作。

每天,瓦特小心地把这些天文仪器拆开来,一件件地擦洗。有的配件被海水锈蚀了,无法修复,他就找来新部件装配。要是配件找不到,他就亲自动手制作。在伦敦学到的技艺,帮了他的大忙。

由于天文系在格拉斯哥大学新设不久,学生们对这些天文仪器都很稀奇,纷纷前来观看;有的教授也隔三岔五地来转一圈。瓦特的工作室经常挤满了人。

瓦特年纪虽轻,他的精湛手艺却令师生们刮目相看。

"迪克博士推荐的技工,果然技艺高超哦。"

"听说他是摩根师傅的徒弟哩。"

"啊,摩根师傅,就是那位英国科学仪器界的执牛耳者吧!听说连西班牙国王都买他的账。"

"难怪!难怪!"

瓦特听见这些夸赞,只是淡淡一笑,继续埋头干自己的事。干活累了小憩时,他就和这些学子们,还有教授学者们聊天交谈。师生们发觉,瓦特不仅掌握了娴熟的技术,而且很有学问。尤其是力学方面的理论知识,他几乎了如指掌。学生们都很佩服他。瓦特在和他们的交往中,也开阔了视野,增长了见识。

经过三个月的苦战,到年底,瓦特成功地把这批精密天文仪器全部修复完毕。校方验收完全合格,非常满意。格拉斯哥大学给了他 5 英镑的报酬。这在当时是一笔可观的收入。

更重要的是,20 岁的瓦特用事实证明了自己的价值,格拉斯哥大学认可了他是一位合格的科学仪器技师。

贵人迪克相助

guirendikexiangzhu

完成这项工作后，由于格拉斯哥大学没有别的业务可做，瓦特就回到格里诺克。

瓦特对父亲说，他想开一家仪器店铺。自己有店铺当然好，所学的技术就有用武之地，还能赚钱谋生。

“就在本地吗？爸爸支持你。”父亲表态说。

“格里诺克地方太小，业务不多。我想去格拉斯哥发展。”瓦特说出了自己的想法。

“去格拉斯哥呀？”儿子要离开格里诺克，老詹姆斯有点舍不得，但他明白，格拉斯哥的创业条件和商机肯定比格里诺克好得多，而且格拉斯哥大学人才荟萃，被公认为英国的新兴技术中心。爸爸最终还是同意了。

“好吧！不过开业的资金，需要多少？”

“谢谢爸爸了。资金我能自己解决，请爸爸放心。”瓦特自立精神很强，不想给家里增添负担。

接下来的日子，瓦特拼命打工赚钱，或是给人修理一些仪器，或是在码头做苦力。经过大半年的筹划和努力，他终于把开业所需的经费凑齐了。

1757 年 8 月，踌躇满志的瓦特动身前往格拉斯哥。他先去格拉斯哥大学，拜访迪克博士。

“迪克教授，我要在格拉斯哥开一家数学仪器店。”瓦特兴冲冲地向老师报告。

“你自己做老板呀？恭喜，恭喜！”迪克博士祝贺小老弟。

“地址选好没有？”他问。

“我想请您出出主意。”瓦特说。

迪克博士沉吟了一会儿，清癯的脸上若有所思。突然，他的双眼闪过一道亮光。

“索性就开在格拉斯哥大学里，怎么样？”他朗声说。

瓦特又惊又喜，自己的店铺若是开在最高学府里，那不是鲤鱼跳龙门，锦上添花嘛！在大学里挂牌不仅信誉好，学校里的业务技术含金量又高，店铺的生意一定会红火。

“这……这能行吗？”他半信半疑。

“我想能行，让我想想办法。”迪克博士说。

能得到迪克博士这样的贵人相助，瓦特感到三生有幸。

“太谢谢您啦，迪克教授！”他由衷地说。

瓦特要在格拉斯哥大学开数学仪器店的消息不胫而走。不料，这却引来一场轩然大波。

格拉斯哥和伦敦一样，中世纪封闭落后的行规仍然禁锢着各个行业。瓦特想在这里开店铺的打算，遭到了格拉斯哥仪器行业公会的阻挠。仪器行业公会的权力很大，拿不到行业公会的执照，店铺就不能营业。

那些凭着一技之长谋生的仪器工匠们，整日行走在恶性竞争的刀锋上，唯恐别人抢了自己的饭碗，所以也强烈反对。他们放出话：“瓦特那小子既不是格拉斯哥人，也没有在格拉斯哥学过徒，根本没有资格在格拉斯哥开店！”

一时间，反对的声音甚嚣尘上。有人甚至公开向瓦特示威，叫嚷道：“滚出去，外来的入侵者！”

面对这种情况，瓦特有些动摇了，他不想给恩师惹麻烦。迪克博士却不退缩,他安慰瓦特说:“让我想想办法。”

这是迪克博士的口头禅。只要他决定做的事,总会有办法解决的。

迪克博士利用他的威望和影响,联名一些教授向格拉斯哥大学校方递交了一份报告,建议在校内设一个附属科学仪器制造所,专门负责科学仪器的制作和修理。

迪克博士在报告书中写道:

长期以来,格拉斯哥大学就缺少一个专业的数学仪器师,这给我们的教学实验带来诸多不便。

我们知道,大凡学问和技术,可以比作车子的两个轮子,缺一不可。学问的真理凭技术得到验证,而技术则因为学问而进步。我们正迎来一个科技的新时代。在未来无可限量的科学应用上,需要优先考虑发展机械技术。这已是不容置疑的。

鉴于此,特建议在学校里设立一个附属科学仪器制造所,专门负责科学仪器的制作和修理,并可以招收学徒工人,培养这方面的人才。有一个从伦敦学艺回来的青年技师,名叫瓦特。我们确信,他是这个制造所的最佳人选。对于他的敬业精神和精湛技艺,只需从去年天文仪器的修复上就能清楚地看出来。他的技术和人品,可以说已经通过了考试。

我们郑重地提议,应当给瓦特先生一个大学附属数学仪器制造师的名义,让他负责建立和经营这个附属科学仪器制造所。

由于迪克博士的理由很充分,校方采纳了他的建议。迪克博士的睿智,终于扭转了乾坤。按照当时英国的政体,格拉斯哥大学属于教会管理,大学本身具有一定的自主权。格拉斯哥仪器行业公会的行规，对格拉斯哥大学没有约束力。迪克博士接着以格拉斯哥大学的名义，向教会提出设立“附属科学仪器制造所”的申请。教会批准了申请。

于是，瓦特的数学仪器店铺终于在格拉斯哥大学里落了户。学校正式给了他一个“数学仪器制造师”的名义。这个头衔还挺管用，再也没有人来骚扰了。因为这意味着瓦特成了格拉斯哥大学雇佣的人员，任何行业公会都干涉不了。仪器行业公会只能默认了，谁又愿意同格拉斯哥的科学殿堂过不去呢！

在格拉斯哥大学开数学仪器店铺，是瓦特人生的一个重要转折点。他的事业和发明家生涯，从此迈开了重要的第一步。一个具有机械天才的技术工人，能够跻身于格拉斯哥这样雄踞科学前沿的大学，这本身就具有特别的意义。

它预示着19世纪光辉灿烂的机械文明，在苏格兰地平线上露出了曙光。

能工巧匠

nenggongqiaojiang

瓦特的店铺设在校内老学院楼的角落里。房间不大，布置也因陋就简，为的是省钱。因为瓦特不算格拉斯哥大学的正式员工，没有固定的工资，店铺的开销要自己掏腰包。

开张那天，迪克博士和格拉斯哥大学熟识的师生们都来捧场。场面还挺喜庆的。

瓦特既是店铺的老板，又兼制造师、技工和店员。实际上，整个附属科学仪器制造所就他一个人唱独角戏。虽然辛苦，但瓦特干得很开心。

迪克博士和学生们经常来店铺里小聚。瓦特待人真诚厚道，又乐观幽默，大家都很喜欢他。教授和学生们经常围坐在工作台旁，和瓦特一起讨论各种各样的问题，话题非常广泛，不仅涉及机械技术和自然科学，甚至包括历史学、语言学、哲学和诗歌、小说等，讨论得热烈而有趣。大学生们都很佩服瓦特的学识。

格拉斯哥大学里的老学院楼

一个名叫罗比森的大三学生后来回忆说："我刚认识瓦特时，原以为他只不过是个熟练的技工，年龄也和我差不多，不会有多少学问。可是同他一接触才发现，他读过很多书，博学多识，而且心灵手巧，技艺精湛，为人又很谦逊，令我自叹不如。我学的专业本是机械学，常以机械专家自居，但在瓦特面前，我不得不承认自己的不足……"

瓦特有什么不懂的问题，也经常向师生们请教，从中获益不少。他因此交结了一些有学问的教授，其中包括比他大 10 岁的布莱克博士。布莱克博士刚被格拉斯哥大学聘为化学教授，名气很大，乐于助人，和蔼可亲。瓦特和他成了好朋友。还有一位安德森教授也很赏识瓦特，和他关系很好。

不过，瓦特的店铺开业一段时间后，业务并不是太好。数学仪器是很专业的设备，瓦特接到的订单不多。虽然常有人送仪器来修理，但收费较低。仅靠这一点业务，瓦特的收入难以维持生计。

迪克博士(右首坐者)和瓦特讨论问题

瓦特不精于销售，他把制作的一部分仪器，寄回格里诺克让父亲的店铺代售。父亲尽全力帮助儿子，瓦特的境况稍有好转。为了增加收入，瓦特还在店铺里兼售地图、海图和一些文具。瓦特的伯父约翰·瓦特是位勘测专家,他测绘的克莱德河地图精准实用,每张可以卖两个半先令。伯父也乐意让侄子创点收。

两个春秋过去了。格拉斯哥大学校园里的草坪黄了又绿,绿了又黄。

1759年年底的一天,瓦特望着窗外,外面大雪纷纷。雪花在空中飞舞,如梦如幻。他艰难地经营着自己的店铺,仍然是一个人在坚守。这片小天地,承载着他的科学仪器制造梦,再困难他也不愿打退堂鼓,他是在守望自己的理想。

这时,有人彬彬有礼地敲门。瓦特打开门,只见一个衣着光鲜、精明能干的绅士面带笑容地问:“请问,你是瓦特先生吧？”

“我就是,欢迎,欢迎。”瓦特殷勤地将客人迎进屋。

这位访客是一个成功的建筑商，名叫克雷顿。他虽然对机械技术一窍不通,但颇有经商头脑,做生意赚了不少钱。克雷顿从迪克博士那里听说,年轻的瓦特制造师具有一流的技艺,但是不善于经营。数学仪器产品的技术含量高,又有格拉斯哥大学“附属科学仪器制造所”的招牌,如果有经商高手加盟,肯定有大钱赚。

克雷顿慕名前来,和瓦特面谈了近一个小时。他听瓦特介绍了几种产品的性能、价位和销售情况。

“你这样不行。”克雷顿直言道，“规模太小，赚不到什么钱！”

“先生有何高见？”瓦特问他。

“必须加大投入，形成规模效应，拓展业务，产销一条龙。”克雷顿毫不含糊地说。

“可是，那需要很多资金。”

“我愿意加盟和你一起干，怎么样？”

“我很乐意。”瓦特求之不得。

瓦特和克雷顿一见如故，完全赞同他的经营理念。克雷顿当即拍板投资，与瓦特合伙制造数学仪器。于是，克雷顿和瓦特签订协议合伙经营。双方各出108英镑，合伙制造销售数学仪器。瓦特的店铺（有形和无形资产）折合108英镑，克雷顿则出资108英镑。在分工上瓦特负责技术和制造，克雷顿负责原材料购买、业务联系和产品销售，并规定瓦特每年的薪水为35英镑，所获得的利润由两人对半分。

合伙经营开始后，业务发展很快，订单源源不断。瓦特彻底打了个翻身仗。有朋友打趣说，也许是上帝被瓦特的执着所感动，派了一个能人来帮助他。不过这位能人是以赚钱为前提，什么活都揽，什么订单都接，诸如测量用的水准仪、建筑工地的绞盘机，甚至牙医的手术器械等等，由不得瓦特挑选。好在瓦特是个能工巧匠，这些活计难不倒他。

店铺里的活，瓦特一个人忙不过来，又雇了一个伙计和三个临时工。令人惊叹的是，在苏格兰的几座教堂里，至今还保留着几架珍贵的管风琴，那些都是瓦特当年的杰作。管风琴靠铜质或木质音管来发音，音量洪大，音色优美庄重，并能模仿管弦乐器效果，制作的工艺要求很高，而且需要专业的乐理知识。瓦特并没有音乐天赋，对乐理也是外行，但他善于学习和动脑筋。他从研究声

老教堂里的管风琴

学原理着手，掌握了控制管风琴音调的科学方法，终于制作出最好的乐器。在研制管风琴的过程中，他还发明了一种在古钢琴上起定音作用的“一弦瓣”，令乐器专家称奇不已。

四年后，瓦特的仪器制造所已发展到相当规模。老学院的店铺早已不够用，于是在市区的托伦格特街又开了一家新店。格拉斯哥大学里的店铺，仍然照常营业。

与纽科门泵的机缘

yuniukemenbengdejiyuan

1764 年 7 月，事业有成的瓦特结了婚。这时他 28 岁，新娘是他的表妹玛格丽特·米勒。婚后，瓦特搬出校园宿舍，小两口在格拉斯哥城郊盖了一栋小屋，开始了新生活。玛格丽特和瓦特青梅竹马，感情很好。结婚以后，她在生活上无微不至地照顾瓦特，不让他过分劳累。婚后不久，玛格丽特就怀孕了。为了让妻子和未来的孩子过上好日子，瓦特拼命赚钱。

瓦特的人生面临着选择：是做一个体面的仪器商，还是做一个发明家？如果沿着一条稳定创收的路子走下去，他完全能成为一个有钱的仪器制造商，过着富裕的生活，买下一座庄园，再养一大堆孩子，但那不是他的理想。瓦特的梦想，就像他儿时的豪言壮语一样，要做一个像牛顿那样改变世界的人。

就在这个时候，一个投身科学发明的机缘出现了。

在这之前，瓦特听说格拉斯哥大学物理系的标本室里，有一台纽科门泵模型，他非常感兴趣，想去观摩一下。在18世纪60年代，凡是对机器感兴趣、懂得机器用途的人，可以说无人不知纽科门泵！

纽科门泵是英国工程师托马斯·纽科门于1712年发明的大气式蒸汽机，也是世界上第一台实用的蒸汽机。第一台纽科门泵安装在斯塔福德郡，用来驱动独立的提水泵，抽干矿井里的水，从而使矿工们可以在矿井深层采煤。但由于纽科门泵的热效率很低，燃煤消耗量大，只能在煤价低廉的产煤区使用。在发明初期，安装纽科门泵的并不多，只是在1733年这项发明专利权期满之后，采用它的地方才很快增多起来。这种蒸汽机最先在英国使用，后来在欧洲大陆得到迅速推广。

纽科门泵示意图

瓦特对纽科门泵的兴趣，在于这种泵的动力非同寻常。纽科门泵的汽缸活塞直径为30厘米，每分钟往复12次，功率为5.5马力。纽科门泵就像一个大力神，能把矿井几十米深处的积水提上来。当时英国采矿全靠原始落后的人力，效率非常低下。相比之下，纽科门泵的威力简直是个奇迹！

敏锐的瓦特意识到，纽科门发明的蒸汽机潜力巨大。当时英国已完成了利用焦炭炼铁的技术改进，这项新技术的采用，使煤的需求量大增。但是单靠人力、畜力，难以满足排除矿井地下水的要求，人们自然会进行“以火力提水”方面的探索和实验。社会上迫切需要对蒸汽机进行改进，英国政府也在大力鼓励这方面的发明创造。受此鼓励，瓦特也很想探究蒸汽机的奥秘。

于是，瓦特兴冲冲地找到物理系的安德森教授问道：“安德森教授，听说格拉斯哥大学里有一台纽科门泵模型，我能观摩一下吗？”

“当然可以。”安德森教授回答，“不过，这台模型严重损坏，不能操作，已送到伦敦一家数学仪器店去修理了。”

“哎，真不凑巧。”

瓦特很失望，只好等这台模型运回来后再看了。据安德森教授说，那家数学仪器店的老板名叫希森，在伦敦算是有名气的。

过了两个月，这台纽科门泵模型从伦敦取了回来。但是安德森发现，它仍然运转不了。看来，希森并不了解蒸汽机的原理，不能胜任这项工作。于是，安德森亲自把这台模型送到了瓦特的店铺里。

“哦，这就是纽科门泵模型！修好啦？”瓦特喜出望外。

“没有修好。”安德森苦笑了一下，“希森老板也无可奈何。”

“啊，是吗？让我瞧瞧……”

瓦特搬起纽科门泵模型，小心地摆在工作台上，然后仔细端详。这是一台按比例缩小的模型，制作精巧，支架和横梁是实木的，锅炉只有水壶那样大。但是它的结构和纽科门泵实物完全一样，正所谓麻雀虽小，五脏俱全。

瓦特一边观察，一边琢磨。

没想到，安德森问他：“你能让它恢复正常运转吗？”

听见问话，瓦特顿时精神振奋。对他来说，这简直是个天赐良机。他早就对纽科门泵感兴趣了。手头有这么一台模型，要比只看图纸资料或者远远看一眼原物要宝贵得多。瓦特跃跃欲试。

“我试试看,也许能行。”他回答说。

“那这台模型就交给你了。”安德森拍拍瓦特的肩膀给他鼓劲,“我相信希森老板不是你的对手。”

“嘿嘿。”瓦特报以憨厚的微笑。

接下来的日子,瓦特翻阅了大量的资料,了解蒸汽机的原理和有关知识,然后开始修理这台纽科门泵模型。他按照自己惯用的工作方式,把模型一一拆开,再仔细地观察各个部件的构造和操作方法,发现有损坏的部件,就精心修好,再按原样认真地装配起来。

“这下应该行了。”瓦特心想。他点燃酒精炉检验模型是否能正常运行。

一会儿工夫,锅炉里的水沸腾起来产生了大量蒸汽,从而扭动活门。蒸汽进入汽缸内推动活塞,带动横梁开始上下转动,模型开始运转。

“太棒了,终于修好了!”瓦特大喜。

不过,还没等他兴奋起来,活塞就不动了,横梁只上下动了几下就停了下来。这是怎么回事呢?瓦特又重试了几次,结果还是一样,活塞总是运动一会儿就停下来。

瓦特正在观察纽科门泵模型

瓦特把模型的各部分仔细地检查了一遍，都完好无损，这说明模型在运转上是没有毛病的。那问题出在哪里呢？是蒸汽的推力不够还是横梁的重量太重？再不然是汽缸的温度有问题，才导致它的推力消失得这么快？

瓦特出神地盯着工作台上的模型，苦思冥想。

童年时代对开水壶痴迷的情景，仿佛又在他眼前复活了——

“詹姆斯，你真是个小呆瓜，瞪着水壶发呆有什么用呀？”那是姨妈的训斥声。

瓦特一言不发，仍然注视着喷着水蒸气的壶口。

“我的小少爷，你还在发呆呀！”姨妈又说。

瓦特用手里的银调羹堵住茶壶口喷出的蒸汽，银调羹在蒸汽的推动下有节奏地抖动着。瓦特惊奇得睁大了眼睛。

“姨妈，蒸汽的推动力真大呀！”瓦特终于开口说话了。

“哦，是呀，是呀！”姨妈方才明白，自己的外甥一直是在观察蒸汽的作用，思考力学问题。

“詹姆斯，你将来一定会成为有出息的人！”

姨妈的话似乎言犹在耳。

投身蒸汽机的发明

先行者们

xianxingzhemen

人类对蒸汽的认识和利用，经历了一个漫长的历史过程。早在公元1世纪，古希腊数学家、亚历山大港的希罗（公元10年—70年）就发明了一种汽转球的玩具，它利用蒸汽喷射的反作用可让一个金属球旋转。这实际上是蒸汽机的雏形。

希罗在他的著作中描述了这一发明。下图是汽转球示意图，画得简明生动。如图可见，锅炉是个密封的半球体，底部用木柴生火。蒸汽从两根管子通向架设在上面的金属球，球上有两根反方向的喷嘴，产生的反作用力推动金属球旋转。希罗还发明了自动售卖机和蒸汽风琴。他发明的汽转球，被公认为是有文献记载以来的第一部蒸汽机。

希罗发明的汽转球

文艺复兴时期，达·芬奇也设计过一种利用蒸汽开动大炮的图纸。这位全能的天才不仅是艺术大师，更是一个伟大的发明家和军事工程师。在达·芬奇留下的珍贵手稿中，包含了多种军事机械的设计：机关枪、子母弹、三管大炮、人力或以马拉动的装甲坦克、直升机、旋转浮桥等。其中有一幅大炮的设计图，就是用蒸汽来驱动的。不过，这种设想达·芬奇并没有付诸实施。这位大师的许多奇思妙想都是超越时代的。

真正为了工业生产的目的把蒸汽用来作为动力的实验,则是从近代才开始的。

法国物理学家尼斯·帕旁，称得上是第一个蒸汽力的实验者。1680 年,他首先发明了第一台活塞式蒸汽泵,可以把热能转变为机械能。但是,帕旁未能制成实用的蒸汽机。

1698 年，英国人托马斯·萨弗里发明了实用的无活塞式蒸汽机,并申请了标名为“矿工之友”的专利。萨弗里蒸汽泵的原理,是将一个蛋形容器先充满蒸汽,然后关闭进汽阀,在容器外喷淋冷水使容器内蒸汽冷凝而形成真空。这时打开进水阀,矿井底的水受大气压力作用就会经进水管吸入容器中;再关闭进水阀,重开进汽阀,靠蒸汽压力将容器中的水经排水阀压出。待容器中的水被排空而充满蒸汽时,关闭进汽阀和排水阀,重新喷水使蒸汽冷凝。如此反复循环,用两个蛋形容器交替工作,可连续排水。萨弗里把它称作“用火来提升水的机器”。这种机器在一些矿井里得到应用,“矿工之友”的名字不胫而走。

矿山老板们起初都抱以莫大的希望,后来才发现这种抽水机存在着致命的缺陷,无法推广。这是因为受当时材料和技术的限制,萨弗里蒸汽泵依靠真空的吸力汲水,汲水深度不能超过 6 米。为了从几十米深的矿井汲水,必须将提水机装在矿井深处,用较高的蒸汽压力才能将水压到地面上，这在当时无疑是困难而又危险的。

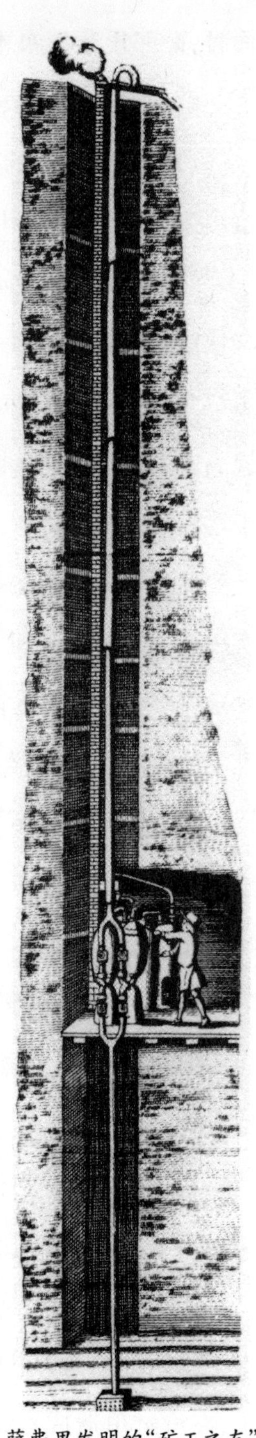
萨弗里发明的“矿工之友”

而且，萨弗里蒸汽泵不够坚固，经受不住大量蒸汽的压力，常常破裂。

萨弗里蒸汽泵虽然没有推广开，但是它的原理却启发了后来的研究者。

1705年，42岁的英国工程师托马斯·纽科门对萨弗里蒸汽泵进行改进，制造出第一台真正可用作动力的蒸汽机原型机。

纽科门生于1664年，幼年仅接受过初等教育，年轻时当过铁匠。他同卡利合伙经营铁器，后来一起研制蒸汽机。纽科门蒸汽机原型机综合了帕旁活塞式蒸汽泵和萨弗里蒸汽泵的特点，采用活塞，并利用真空吸力汲水，效率有一定提高。并于1705年取得"冷凝进入活塞下部的蒸汽和把活塞与连杆连接以产生运动"的专利权。

此后，纽科门继续改进蒸汽机，经过7年的努力，于1712年首次制成可供实用的大气式蒸汽机，被称为"纽科门泵"。纽科门泵的结构比萨弗里的蒸汽泵复杂得多。它包括一个球形大锅炉，一间砖砌的机房，以及和重型泵杆相连的作上下往复运动的横梁。它的体积庞大，其心脏部分是一个圆筒形的铁制汽缸，和锅炉顶部的开口相衔接。水被烧沸时，汽缸里便充满了蒸汽，活塞受压提升，活塞顶起横梁。横梁的另一端因此向下移动，从而在汽缸内形成真空，而大气压强又迫使活塞下滑。由此往复运动，横梁另一端的吊绳就把井下的水提了上来。

这台蒸汽机的汽缸活塞直径为30厘米，每分钟往复12次，功率为5.5马力。但热效率低，煤燃料的消耗大得惊人，仅适用于煤矿等燃料充足又低廉的地方。

1729年纽科门去世，享年65岁。纽科门的蒸汽机持续应用了30多年，它是世界上第一台实用的蒸汽机，为后来蒸汽机的发展和完善奠定了基础。

作为一名开创者，纽科门所取得的成就，自然受到了充分肯定。但是，不得不承认他的蒸汽机结构相当原始粗糙。纽科门泵采用内凝喷嘴和自动阀装置，在汽缸里造成真空，再利用相当于大气压的蒸汽，带动泵杆一上一下地运动。有一位名叫塞缪尔·斯迈尔斯的苏格兰作家，曾对纽科门泵作过如此形象的描述：

纽科门

它的工作过程非常笨拙，显得十分吃力，总要发出“呼哧呼哧”、“嘎吱嘎吱”和“扑通扑通”等大量难听的噪音。当泵杆下降的时候，就会听到一种冲击声以及沉重震耳的碰撞声。接着，在泵杆升起的时候，抽水机开始工作了，又会听到难听的嘎吱声、呼哧声和再一次的扑通声。然后，泵机抽上来的水流了出来，排放到别的地方去。

总的说来，纽科门泵存在这样一些弱点：它的结构不合理，运作异常缓慢，

用在煤矿上的纽科门泵

其用途只限于矿井抽水。更糟糕的是，由于效能很低而不得不大量消耗煤燃料，简直就是一头巨无霸“煤老虎”，只有煤矿主才能用得起，因为在煤矿里煤炭很便宜。这些弱点大大限制了纽科门泵的推广。

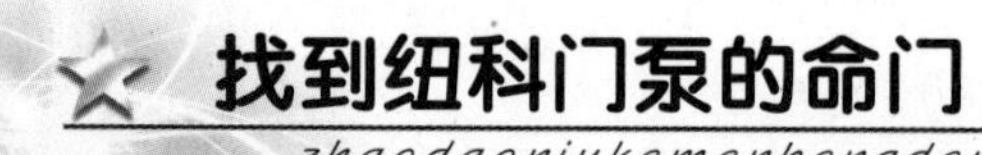

找到纽科门泵的命门

zhaodaoniukemenbengdemingmen

纽科门泵的结构究竟存在什么问题？它的热效率为什么这么低呢？

当时许多技术专家都在进行研究，希望探寻改进纽科门泵的办法，但都没有找到问题的关键。

前面说到，瓦特在修理纽科门泵模型的过程中，也发现了纽科门泵的问题。他已经把模型精心修复，并检查了各部分完好无损，但是点火实验时，活塞只运行了几个冲程就停下来了。每次重试都是这样。

瓦特苦苦思索：这究竟是什么原因呢？

他想，很可能这是纽科门泵本身存在的缺陷。热力学专家说纽科门泵的热效率很低，看来并非妄传。于是，瓦特心中萌生了改进它的想法——正是这个想法后来改变了瓦特的一生，也改变了世界。

瓦特查阅了大量的资料，和纽科门泵模型进行对比研究。他发现模型在运转上并没有毛病，但是纽科门泵的工作原理存在一个很大的盲点。

纽科门泵采用内凝喷嘴和自动阀装置，在汽缸里造成真空，再利用相当于大气压的蒸汽，带动泵杆一上一下地运动。模型的活塞每滑动一次，都伴随着大量的热量耗损。最初把蒸汽从锅炉传送到汽缸里，推动活塞向上滑动，为了不使蒸汽凝结必须保持沸点，这需要大量热量；当活塞被推到汽缸顶部时，内

瓦特正在探寻纽科门泵存在的问题

凝喷嘴喷射冷水迅速降低汽缸内的温度，使蒸汽快速凝结导致汽缸变成真空，迫使活塞下滑，从而完成一个冲程。下一个冲程开始，当蒸汽进入汽缸时，为了恢复汽缸内部的高温以推动活塞向上滑动，势必要损耗大量的热能；而待活塞被推到汽缸顶部时，内凝喷嘴又要喷射冷水降低汽缸内的温度……如此往复，每一个冲程都要用冷水将汽缸冷却一次，从而消耗了大量的热量，使绝大部分蒸汽没有被有效利用。

瓦特认为，纽科门泵这种忽冷忽热仿佛“打摆子”的运作过程，完全是一种“病态”，热量因此白白地被消耗掉了！这就是纽科门泵热效率低的症结所在。许多人都知道纽科门泵的工作原理，但是没有一个人留意到这一点，而这恰恰是纽科门泵设计上的致命缺陷。

瓦特茅塞顿开，他终于找到了纽科门泵的命门！

怪不得，纽科门泵模型不能正常运转。这种纽科门泵——无论是缩小的模型机，还是耗煤无度的原型机，都消耗了过量的热。这是纽科门泵先天带来的问题。

瓦特把自己的发现告诉了安德森教授。

“哦,原来如此。”安德森大为震动,他鼓励瓦特说,“这个发现太有价值了,你应该深入研究下去。”

“我正在想,能不能从设计上作些改进。”瓦特说。

“修改纽科门的设计?这个想法很大胆。”安德森沉吟道,“纽科门是铁匠出身,理论修养不足,你可以试试从理论上找根据。”

“谢谢教授的指点!”瓦特很感激。

从这一刻开始,瓦特立下雄心,要制造一台新型的高效能蒸汽机。

新婚的他就全力投入到发明研究中。瓦特很重视从理论上进行分析研究。他做了大量实验,测定水在不同的压力下,达到沸点时所需要的热量。瓦特计算出定量的水所化成的蒸汽体积,然后确定了在大气压力之下,蒸汽体积约为水的1800倍(这个数字现在也很正确)。

对于纽科门泵而言,瓦特算出活塞在上下滑动时所需的蒸汽数量,再将它和填满汽缸所需的蒸汽容积相比较,结果发现:实际进入汽缸的蒸汽数量,竟比汽缸的容积高4倍以上!这就意味着:纽科门的蒸汽机约有四分之三的蒸汽在提高冷却了的汽缸温度时完全浪费了。如果不浪费,绝对会造出效率更好、马力更强的蒸汽机来。

纽科门泵是在萨弗里蒸汽泵的基础上发展而成的。无论是萨弗里的“矿工之友”,还是纽科门泵,它们工作的灵魂都离不开真空。一切都以产生真空的方式而转移。纽科门泵的致命缺陷是,要造成真空就得冷凝进入汽缸的蒸汽,蒸汽必须骤然冷却。当机器的喷嘴喷入冷却水后,汽缸也会跟着冷却。

瓦特琢磨:有没有办法,既可以产生真空,又不需冷却汽缸呢?

一连几个月,瓦特的脑海里一直盘旋着这个问题。他设计了一个又一个方案，但都未能奏效。仿佛真是“鱼和熊掌不能兼得”，每次他都陷入两难的窘境：没有冷却就没有真空，没有真空就没有泵，也就没有蒸汽动力。

正当瓦特的研究处于关键的时刻，他又遇到一个意外的挫折——他的合伙人克雷顿先生突然去世。店铺的担子全部落在瓦特的肩上，包括克雷顿先生欠下的一笔不小的债务，也需要他来偿还。瓦特的经济状况变得很拮据。

但是，瓦特并没有放弃对蒸汽机的研究。

这年的冬天特别寒冷，格拉斯哥漫天大雪。有一天，雪下了有一米厚，人被堵在屋里出不了门。

“詹姆斯，你就不要去店铺了。”玛格丽特劝他。

“不，那里的活不能停。”瓦特执意要去。

他从窗户爬出去，然后踏着积雪，朝着大路的方向缓慢前行，在他的身后留下一串坚定的脚印。

瓦特的灵感

watedelinggan

1765年的春天来了。格拉斯哥阳光明媚，鲜花遍野。

4月，野百合和旱地水仙初开。5月，风信子、郁金香和风铃草争先恐后地绽放。远远望去，到处姹紫嫣红。

一个星期天的下午，瓦特独自去公园散步。星期天是安息日，按照苏格兰的规定，这一天禁止工作。瓦特离开工作台，穿着休闲装走上街头，他一面沉思，一面经过一家老洗衣房，然后通过夏洛特街尽头的大门，走进格林公园。

公园里鸟语花香，绿树成荫，和风吹拂着绿茵地周围的灌木丛。瓦特在林

瓦　特

间草地上漫步，呼吸着清新的空气，心情格外恬静。

他心里想着蒸汽机的事儿，脸上的表情有些恍惚。

几个月过去了，瓦特一直没有找到改进纽科门泵的办法。纽科门泵的致命缺陷就像梦魇一般盘旋在他的脑海里，挥之不去。竟然有四分之三的蒸汽被白白损耗了！纽科门本人有没有意识到这个问题呢？或许他已经意识到了却无可奈何，这完全有可能。纽科门泵耗煤这么惊人，他的主人竟然拿它没有办法！

休闲的人们带着孩子，三五成群地沿着花间小路走来，他们谈笑风生，一路嬉戏着。和瓦特擦肩而过时，两个小孩向他投来好奇的目光。其中大点的满脸雀斑，表情滑稽，手里抱着个红皮球。小点的胖嘟嘟的，手里拿着一个小皮球，走一步拍一下，很开心。

瓦特没有理会两兄弟，他独自徘徊，仍然陷于沉思中。

无论是萨弗里的蒸汽泵，还是纽科门泵，它们的工作原理都离不开真空。形成真空是让机器运转的灵魂，一切都以产生真空的方式而转移。而纽科门泵的要害，就是为了形成真空，就得使进入汽缸的蒸汽冷凝，每一个冲程都要用冷水将汽缸冷却一次，从而耗损了大量热量。

“一切都以产生真空的方式而转移。”瓦特念叨着这句话，若有所思。

“能不能换一种产生真空的方式，它既可以产生真空又不冷却汽缸呢？”瓦特琢磨着。

“也许能，也许不能。”

"究竟能还是不能？"

"应该能……"

他走过了公园管理人住的小木屋，接着又走过了池塘。蜜蜂在花丛中嗡嗡飞舞，周围一片寂静。

瓦特在池塘旁的一张长木椅上坐下，继续天马行空的思索。

一群野鸭从池塘里扑腾着翅膀飞起来，耳畔传来一串"嘎、嘎、嘎"的叫声。那野鸭的声音传进瓦特的耳膜，恍若"扑通扑通、嘎吱嘎吱"的声响，就像是纽科门泵在沉重地喘息。纽科门的那头"大笨牛"，干活的确太吃力了。

瓦特抬头仰望天空。天气晴朗，空中飘着白云。

他凝视着那些云彩，像一团团轻盈的棉絮。过了一会儿，云彩变幻成山脉形状，大小山峰依稀可辨。又过了一刻工夫，云彩变成了飞马状，仿佛张开双翅在蓝天上奔腾。

瓦特突发奇想：蒸汽就像这万马奔腾的云彩啊！这变幻莫测的精灵，轻如鸿毛，却又力大无穷。蒸汽不仅能顶起水壶盖，掀动银调羹，还能推动汽缸里巨大的活塞……谁能降服这乳白色的"大力士"，谁就能征服桀骜不驯的蒸汽泵。

这时，一个念头在他的脑海里突然闪现出来——既然纽科门泵的热效率低是蒸汽在缸内冷凝造成的，那么为什么不能让蒸汽在缸外冷凝呢？

瓦特后来回忆说：

> 我想，蒸汽就像云彩一样，它的形状可以不断变幻。它是一种气体流，可以膨胀。正因为如此，它可以充入任何容器——任何一种形成真空的容器。假设有这样一个容器附在蒸汽机的汽缸上，会怎样呢？而且是一个配上可以喷淋冷水的喷嘴的容器。
>
> 蒸汽会迅速充入那个容器并在那里冷却，那儿将会完成极其重要

的冷却和冷凝过程。这是一个独立的容器,同时又与蒸汽机连成一体。

随着蒸汽冷凝,会有更多的蒸汽充入,接着又冷凝。蒸汽不断地充入、冷凝,直到汽缸内所有的蒸汽都被吸收到冷凝器内。那么,这一切将给仍然还处在热态的汽缸内带来什么呢? 真空!

瓦特的心情豁然开朗,脸上露出笑容。他终于想出那个梦寐以求的"产生真空的新方式"——它既可以产生真空又不冷却汽缸!

瓦特欣喜若狂。他从长木椅上起身,脚步腾空,一路小跑。他迫不及待地要赶回家,把自己的设想画出来。他越过公园管理人的小木屋,穿过花间小路。

草坪上,刚才遇到的那两个男孩正在扔皮球玩,大人们在一旁吆喝助兴。

瓦特放慢了脚步。这时,一大一小两个皮球滚了过来,在他的脚前停住了。瓦特弯腰捡起两个皮球,小皮球贴着大皮球,一蓝一红,宛若亲密的伙伴。

瓦特盯着小皮球,两眼闪亮。

"对了,就是它!"他胸有成竹地说。

如果把大皮球比作汽缸,小皮球就是冷凝器。它们碰在一起,但又各自独立。真是完美的组合!

"先生,这是我的球。"胖嘟嘟的小男孩打断了瓦特的遐想。

"哦,不好意思!"

瓦特把皮球还给两兄弟,向大人们打了个招呼,然后兴高采烈地一溜烟跑了。霎时间,他的身影消失在格林公园的大门外。

☆ 独立的冷凝器

dulidelengningqi

瓦特一口气跑回家，嘭地推开门，一个箭步进了小房间。

"詹姆斯，你回来啦？"玛格丽特从厨房里探出头来。

瓦特无心回答，从抽屉里拿出纸和笔铺在桌子上，着魔似的画起来。

"詹姆斯，今晚吃油炸鲑鱼！"玛格丽特提高了音量。那鲑鱼是她从海边大排档买的，价格便宜。

"嗯。"瓦特含糊地应了一声，头也不抬，继续在纸上涂画着。

他先用粗线条勾勒出一个纽科门泵的示意图，又在旁边画了一个冷凝器，圆筒形状，尺寸比纽科门泵的汽缸小些。然后，他画了一根粗线，把冷凝器和汽缸连起来。瓦特盯着图纸，琢磨了一会，又添了一根粗线条，把冷凝器和水箱连接上……他嘟了嘟嘴唇，觉得不准确，又涂抹掉，再重新画。瓦特翻来覆去，把图纸修改了多次，最后点了点头，似乎对自己的设计表示肯定。这样，既能在汽缸中产生真空，又能保持汽缸的热状态，还能解决除去冷却水的问题。

玛格丽特的油炸鲑鱼端上来时，瓦特正在客厅里徘徊，满脸的兴奋。

"詹姆斯，你捡到金蛋啦？这么高兴。"玛格丽特打趣道。

"嘿嘿，比金蛋还宝贵。"瓦特说。

"真的呀！"玛格丽特半信半疑。

"明天就知道了。"瓦特秘而不宣。他用手拈起一块炸鲑鱼放进嘴里，慢慢地嚼起来。

当晚，瓦特度过了一个不眠之夜。

次日清晨，天刚蒙蒙亮，瓦特就起身赶到店铺。他在工作台前坐下，疯狂地工作起来。瓦特决定用最快的进度，验证自己的设计。为了不浪费时间，他因陋就简，尽量使用现成的器材。他拆开一只大型注射器的黄铜圆筒，做成汽缸。活塞用叠压的羊皮圆片制作。为了让汽缸保持热态，在黄铜圆筒外包着双层皮革制成的“蒸汽外套”。瓦特又找出一根细铁筒，把它锯短钻孔，按照自己的设计思路，制成一个独立的冷凝器。

他所有的操作都准确无误，顺理成章，随时有灵感的光顾，就像一个艺术家神奇的即兴创作。最终，瓦特用灵巧的双手把所有的部件全都连成一体。

花了一天的工夫，一台小型蒸汽机制作成了。它和纽科门的蒸汽机不一样，更像一个奇特的倒挂物：活塞在汽缸的底部，突出的活塞杆连着一个铁钩。实验用的重物吊在活塞杆的末端。

最初的这个冷凝器模型，至今还保存在伦敦的南肯辛顿科学博物馆里。其原理如左图所示：

A 是汽缸，B 是活塞。活塞的下面是个吊东西的铁钩。D 是蒸汽入汽口，通过一根管子连着锅炉。 右边部分的 E，就是最关键的冷凝器。

蒸汽从 D 进入汽缸 A，汽缸 A 因而能够保持高温。这时，留存在汽缸 A 内的空气，由冷凝器 E 上端的活门 F 排出去。待空气完全排出，再把汽缸 G 的活塞 H 迅速上拉。这样一来，冷凝器中就成为真空，从而把汽缸内的蒸汽吸光并使之凝结，因此，汽缸的上面就变成真空。这时，

瓦特发明的冷凝器示意图

汽缸的活塞 B 就开始上升，吊钩上的重物就被提上来了。

待一切准备就绪，瓦特用一根管子接通一只烧开的大水壶的壶嘴（临时锅炉），蒸汽便嘶嘶地从顶上进入汽缸。不久，汽缸里原有的空气从冷凝器的活门排出去。瓦特把活门关上，这时蒸汽进入冷凝器。他用水冷却冷凝器，同时把活塞迅速往上拉，涌进冷凝器的蒸汽马上被凝结，冷凝器内形成了真空。

紧接着，令人振奋的事发生了：悬挂在活塞杆下端铁钩上的重物开始动了。它被活塞杆牵引着向上移动，越来越近地靠向汽缸。与此同时，活塞杆也逐渐地深入汽缸——这是由集结在活塞下面的空气推动的。空气与蒸汽一样，在活塞表面形成了一种压力，它朝上面已经形成的真空方向顶。整个过程中，汽缸一直保持着高热状态：它一直沸腾着，冒着热汽。

瓦特激动不已。他成功了！

晚上回到家，瓦特把实验成功的消息告诉了妻子。青年发明家抱着他的冷凝器，表情喜悦而又小心翼翼，就像抱着一个十世单传的婴儿。

“老婆，这就是你说的‘金蛋’！”

几天之后，年轻的罗比森教授来访。他就是当初很佩服瓦特的那个大三学生，后来和瓦特成了朋友，毕业后留在格拉斯哥大学任教。

罗比森刚从伦敦回来，就急匆匆地来看望瓦特。他给瓦特带来不少关于纽科门蒸汽机的新闻，大多是这个“煤老虎”的负面消息。罗比森说，铁矿老板们对纽科门蒸汽机是又爱又恨，爱的是它动力强劲，恨的是它耗煤厉害。

罗比森登门时，瓦特正坐在壁炉旁埋头焊接一个铁匣子，在他身旁放着一块焊铁，正在火上加热。

罗比森在椅子上坐下，滔滔不绝地讲着。瓦特却只顾摆弄着放在膝上的小铁匣子，没有反应。他专注地盯着火光，仿佛沉迷在遥远的想象之中。以往每次见到罗比森，瓦特都很亲热，这次显得很反常。

罗比森正觉得纳闷。瓦特终于焊完了一个接头，把铁匣子放在地上，抬起头打断了罗比森的话。

“老兄，关于蒸汽机的事，你不用再担心了。”瓦特说，“我正在制造一种新机器，它不会浪费一点蒸汽，热效率有可能比纽科门泵提高3倍！”

“真的？”罗比森眼里闪烁着亮光，他知道瓦特从来不说大话。

“有点眉目了。”

罗比森下意识地瞥了一眼地板上的铁匣子。

“哦，就是这家伙吧？它和我见过的所有蒸汽泵都不一样！”接着，罗比森对瓦特发明的始末很有兴趣地打听起来。

瓦特没有答话，他一声不响地把铁匣子踢到桌子底下，脸上露出一丝暧昧的微笑。

罗比森明白了，瓦特打算一鼓作气完成他的发明，在取得决定性成功之前，不愿过早披露若干细节。

“老弟，衷心祝你成功！”

瓦特制造的冷凝器模型

“说不定还会要你帮忙呢。”

“我随时恭候。”

在接下来的日子里，瓦特完全陷入了改进发明的狂热中。正如他对朋友说的：“除了这台机器外，我什么都不想。”

经过反复实验，瓦特制造了一个新的模型，汽缸的直径有12厘米，冷凝器更精良了。按照设计，冷凝器与汽缸之间有一个调节阀门相连，使它们既能连通又能分开。这样，既能把做功后的蒸汽引入汽缸外的冷凝器，又可以使汽缸内产生同样的真空，避免了汽缸在一冷一热过程中的热量消耗。经过多次实验，瓦特发现：当汽缸活塞下降时，空气会随之进入汽缸内，汽缸的温度有所降低。为了保持汽缸的高温状态，他在汽缸外面包了一个用双层皮革制成的“蒸汽外套”，同时又在活塞的上面加了一个严实的盖子，并改用蒸汽充入活塞周围，一改纽科门泵利用大气压推动活塞的做法。这样一来，他的机器就成了名副其实的蒸汽机。

用这个改进的新蒸汽机模型，瓦特提起了 8 千克重的东西！

不久，瓦特发明独立冷凝器的消息不胫而走。

有人向罗比森教授求证。罗比森回答说：“瓦特是个天才，他确实造出了一台完美无缺的蒸汽机，对此我毫不怀疑。”

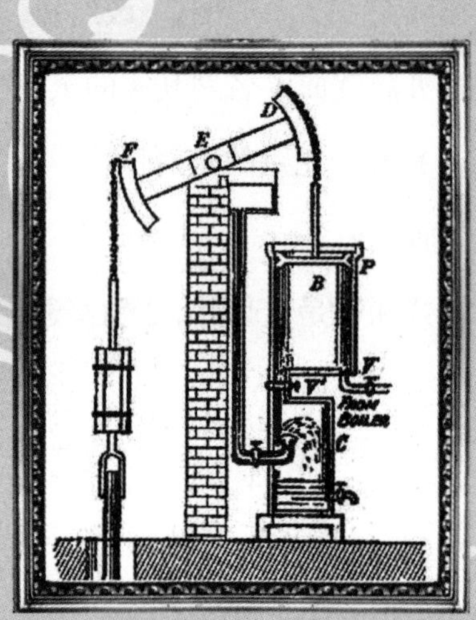

KEXUE JUREN DE GUSHI

发明家与实业家

☆ 发明家的困境

famingjiadekunjing

设置独立于汽缸的冷凝器，是蒸汽机发明史上的一大革命。瓦特这时 29 岁，正处在一个发明家的黄金时段，他梦想把自己的蒸汽机推向市场，一鸣惊人，取代纽科门泵，并获得可观的经济回报。

据瓦特理论计算，这种新的蒸汽机的热效率将是纽科门泵的 3~4 倍。从理论上说，瓦特的这种带独立冷凝器的蒸汽机显然优于纽科门的蒸汽机，但是，要把理论上的东西变为实际上的东西，把图纸上的蒸汽机变为实际的蒸汽机，还要走很长的路。

为了制造能够实际运转的蒸汽机，瓦特在一条街口的牛肉市场租了一间旧仓库当作厂房。购买设备器材所需不菲，他的资金匮缺。布莱克教授知道后慷慨解囊，借给他 1000 英镑。这是一笔很大的款项，几乎是布莱克教授的全部积蓄。

“我一定会如数还您的，布莱克教授。”瓦特很感激。

“嘿嘿，只要不打水漂就不错了。”布莱克对发明的风险有所耳闻，当时欧洲因为发明蒸汽机而破产的大有人在。

不料，布莱克的戏言竟然成真。瓦特选择的发明蒸汽机之路，果然是一条布满荆棘、坎坷曲折的道路。直到奋斗了 10 年之后，他才真正看到了成功的曙光。

瓦特辛辛苦苦地造出了几台蒸汽机，本以为产品会热卖，结果事与愿违，机器的效率反而不如纽科门泵。试制的耗资巨大，又没有买家上门，瓦特债台

高筑。瓦特经营数学仪器赚的钱都用光了，布莱克教授借给他的1000英镑也付之东流！

瓦特尝到了做一个发明家的痛苦——没有资金，没有市场，走投无路，连老婆都养不起，孩子也不敢生。

“亲爱的，我相信你一定会成功的。”在最困难的时候，玛格丽特尽力安慰丈夫。

“玛格丽特，对不起，让你受累了。”瓦特歉疚地握着妻子的手，“但是，我一定要造出实用的蒸汽机来。”

瓦特没有在挫折面前却步，他继续进行试制研究。但是制造蒸汽机需要一笔庞大的资金，瓦特难以承受。瓦特时常面对着厂房里的一堆废铁发呆。

任何发明要推向市场，必须要有资本的推动，要么有企业家的投资加盟，要么像爱迪生一样，发明家自己就是企业家。瓦特没有爱迪生那么幸运，再说研制蒸汽机花费巨大，不可能小打小闹起家。

这一天，布莱克教授来访。

“老弟，最近还好吗？”他听说瓦特陷入了困境。

“不好。”瓦特苦笑道，“您那1000英镑全打水漂了……”

“搞发明总会有风险的，就当是交学费好啦！”布莱克教授安慰他。瓦特无言以对，他觉得对不住教授，这“学费”也太昂贵了。

“可惜我的财力已经不济了。”布莱克说。

“您已经帮我够多的了。”瓦特很愧疚。

“你会不会打退堂鼓啊？”教授问了一句。

“我不会。”瓦特执拗地说，但看得出他的眼里透着无奈。

布莱克教授决定再帮青年发明家一把。他告诉瓦特，自己有一个财力雄厚的实业家朋友，名叫约翰·罗伯克，对蒸汽机的改进有兴趣。他可以介绍瓦特和罗伯克认识。

“我很愿意认识罗伯克先生。”瓦特面露喜色，看到了一线希望。

这位罗伯克早年毕业于爱丁堡大学医学院，是个学医出身的化学家。布莱克是化学教授，与罗伯克有学术上的交往，因此成了朋友。

布莱克告诉瓦特，罗伯克因发明生产硫酸的新方法致富，转而经营富有冒险性的开矿炼铁。罗伯克财大气粗，盛名在外，他的传奇经历几乎传遍了全英国。他在苏格兰古都爱丁堡附近的金内尔开办了加伦炼铁厂，规模颇大。炼铁需要煤炭，他又在附近买下一处煤场。但是开采不久，铁矿和煤场的表层矿藏均已挖完。要向深层开挖，就必须解决抽水问题，因此罗伯克很关注对蒸汽机的改进。

这是一个很难得的机会。

“你不妨把发明设想寄给罗伯克先生，让自己的梦想去碰碰运气。”布莱克教授说。

“谢谢您指点迷津！”瓦特很兴奋。

根据布莱克教授的建议，瓦特把自己设计的蒸汽机画了一幅详细图解，并附了一封言辞恳切的信，寄给了罗伯克。

瓦特满怀希望，等候着回音。

合伙人罗伯克

hehuorenluoboke

但是，信和设计图寄出后杳无音信。

几个月过去了，瓦特一直没有接到罗伯克的回信。

也许罗伯克太忙了，无暇顾及一个名不见经传的年轻人的求援，这种信他几乎每天都能收到。也许因为来信人是个破产的发明家，罗伯克对瓦特的设计方案缺乏信任。或许这两种可能都有。

瓦特的希望破灭了。

为了养家糊口，瓦特不得不搁下蒸汽机实验，重新经营数学仪器店铺。他还兼做测量师，包揽了一些测量工作，诸如陆地测量和城市地界测量。他的测量知识大多是从伯父约翰·瓦特那里学来的。他干得很称职，收入也增加了，可以补贴家用。瓦特的家境有了改善。不过，研制蒸汽机欠下的债务，他仍然无力偿还。

1767年，为了扩大航运，格拉斯哥政府决定开凿运河。瓦特被选中参加这项工程的勘测工作，并担任勘测组组长，勘测工程前后持续了大半年。瓦特风餐露宿，不辞辛劳，干得很出色，他在测量界的声名鹊起。这个时候，他才引起罗伯克的注意。

罗伯克

“这位瓦特测量师，就是格拉斯哥那个破产的蒸汽机发明家吧？”罗伯克向布莱克教授打听。

“正是他。”老朋友回答说，“是个发明天才，可惜没有资金做后盾。”

“你说说看，他的那个蒸汽机，究竟有没有市场前景？”罗伯克问。

“比纽科门泵至少先进10倍！”布莱克毫不含糊地说。

“啊，我差点错过了人才。”罗伯克后悔不迭。

1767年底，瓦特寄出去的那封信终于有了回音。罗伯克寄来了一封正式的函件，明确表示同意赞助瓦特进行新式蒸汽机的试制，并提出了与瓦特合作的具体条件。瓦特接到罗伯克的回信，不禁喜出望外，他的蒸汽机终于遇到救星了！

瓦特毫不犹豫地与罗伯克签订了合作协议。按照协议条款，瓦特的1000英镑借款（欠布莱克教授的）和申请专利的费用，以及此后的全部试制经费，全部由罗伯克承担。但在取得专利后，三分之二的权益归罗伯克所有，三分之一的权益归瓦特。另有一个附加条件，就是瓦特需将蒸汽机的样机从格拉斯哥搬到加伦炼铁厂附近的工场，在那里进行试制，将来机器也在那里组织生产制造。爱丁堡坐落在福思湾南岸，可以很方便地把蒸汽机运出，满足英国本岛三个地区（英格兰、苏格兰、威尔士）的需求。

作为一个富有冒险精神的成功企业家，罗伯克把宝押在瓦特蒸汽机的实用前景上。罗伯克性格粗犷，行事雷厉风行，说干就干。他很慷慨，舍得给发明家投入大把的钱；他又很自信，相信自己的投资会带来双倍的回报——瓦特的蒸汽机一旦成功，便会成为采矿业老板们梦寐以求的目标，财源自然会滚滚而来。罗伯克唯一没有估计到的是，蒸汽机的研制费用是个无底洞。这位50岁的企业界绅士和冒险家，心甘情愿地成为瓦特的合伙人和财力后盾。

得到新资金的注入，瓦特重整旗鼓，再次披挂上阵。他把机器和家眷都搬到了加伦铁矿的工场，准备卧薪尝胆，背水一战。工场位于一个山谷里，环境僻静，很适合搞新机器试制。

瓦特招聘了足够的技师和工人。制造蒸汽机需要的各种材料，大部分从加伦铁工厂运来，有的还需要另外购买。瓦特和他的助手们夜以继日地奋战在工场里。在试制过程中，问题不断出现。最初是工场里造的汽缸漏气，根本不能用，只好另行制造。汽缸漏气问题解决了，又发现活塞的气密性不能保持，还有冷凝器的接口位置也不对。瓦特和助手们反复调试，克服了材料和工艺等方面的困难。

经过六个月的努力，瓦特终于完成了新式蒸汽机的实验。到 1768 年 8 月，设计制成一台带独立冷凝器的新式蒸汽机样机。这台样机的汽缸直径为 63 厘米，是模型机的 5 倍，已经是实用型蒸汽机了。

这一天，瓦特当着罗伯克和几个客人的面演示了样机的运转。罗伯克围着机器转了一圈，满意地直点头。

“这家伙果然不同凡响哦！”他说。

瓦特擦着额头上的汗，面带微笑。

“马上去申请专利！”罗伯克指示他。

这也正是瓦特想到的。有了专利，就能保障在专利的有效期内别人不能抄袭瓦特的发明。于是，几天后瓦特赶往伦敦，向英国专利局申请了新式蒸汽机的专利，专利名称为“减少火力发动机的燃料和蒸汽损耗的新方法”。

直到 1769 年初，瓦特蒸汽机的专利终于被批下来，专利期 14 年。这一年，瓦特 33 岁。从他开始研究纽科门泵模型起，已花了整整 5 年的时间。

从这台蒸汽机的示意图可以看出，独立冷凝器位于汽缸的下方，用阀门与汽缸相连。该机同纽科门泵一样，仍然采用横梁和拉杆结构来驱动提水泵。活塞由横梁杠杆另一端的配重拉升到顶部后，平衡阀关闭而进汽阀打开，将蒸汽引入汽缸上端，同时排汽阀开启使活塞下方汽缸部分和冷凝器接通而形成真空，活塞受压下降，从而拉起提水泵的拉杆；活塞被压到下端后关闭进汽阀和排汽阀，同时打开平衡阀连通汽缸的上下端，配重再次拉起活塞，如此循环做功提水。为了从冷凝器

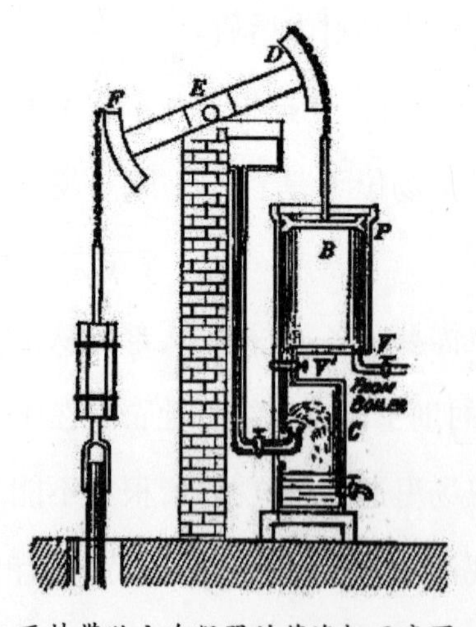

瓦特带独立冷凝器的蒸汽机示意图

中抽除凝结水和空气，瓦特装设了抽气泵。他还在汽缸外壁加装夹层，用蒸汽加热汽缸壁，以减少冷凝损失。

显而易见，这种实用型蒸汽机的结构和运转，比原理图要复杂得多，也精密得多。每一个部件和细节都不能马虎，也正因为如此，制造的难度非常大。事实上，罗伯克的工厂因为是炼铁厂，机械制造工艺水平低，并不具备条件生产像蒸汽机这样先进精良的机器，一些主要部件仅勉强符合设计的要求。

第一台带独立冷凝器的蒸汽机试制出来了，瓦特满以为大功告成，但是他高兴得太早了。

经过矿山的试用发现，在加伦铁矿的工场里造出的这台新式蒸汽机并不理想，它同纽科门泵相比，除了热效率有明显提高外，动力并未得到什么改善，而且经常出故障。这意味着，瓦特的这种蒸汽机还是无法作为真正的动力机。

瓦特造出了新式蒸汽机，但是没有人来买。

罗伯克的资金投入到了极限，他的铁矿和煤场因为解决不了深井抽水问题也停产了。罗伯克濒临破产，无力继续资助实验。

实业家博尔顿

shiyejiaboerdun

瓦特第二次跌入人生的低谷，他彻底绝望了。

在给布莱克教授的信里，瓦特诉说了自己的痛苦：

我是多么灰心啊，仿佛就要死去一样！这种失望的痛苦，你是无法想象的。

如果我有比较充足的资金，就不至于遭遇这种失败。但是，由于我的试制计划，拖累他人蒙受巨大损失，这让我非常难受。我想我还是死了的好……

布莱克教授回信劝慰他：

亲爱的詹姆斯：

我完全能理解你现在的心情。这次失败，过错并不在于你的发明。事实证明，独立冷凝器的设计思路完全是创新的。也许问题出在工厂的制造技术不过关或者其他方面。

你正在做的是一桩伟大的事业，它必将为人类开辟一个动力的新时代。千万不能退缩！记住莎翁说过的话：千万人的失败，都是败在做事不彻底，往往做到离成功尚差一步就终止不做了；明智的人决不坐下来为失败而哀号，他们一定乐观地寻找办法来加以挽救。

我相信你能取得最后的成功！

布莱克的信给予瓦特很大的鼓励，青年发明家重新振作起来。

瓦特首先要解决生计问题，他要养活自己和家人。自从蒸汽机试制停工后，瓦特变得一贫如洗。虽然他和罗伯克的合伙合同仍然有效，但已是一纸空文。瓦特向罗伯克提出撤退回格拉斯哥去，继续搞他的运河测量，罗伯克无奈地同意了。

于是，瓦特携家带口离开了加伦。玛格丽特跟着丈夫辗转奔劳，无怨无悔。没有多久，瓦特应聘担任了运河工程师的职务，年薪100英镑，至少可以养家糊口了。

后来瓦特参加了一条苏格兰的渠道勘测工作。他曾受命去伦敦，向国会呈报这项工程的设计报告书。

博尔顿

返程路过伯明翰时，瓦特顺道拜访了著名的实业家马修·博尔顿。早在1767年，瓦特就曾拜访过博尔顿，博尔顿对瓦特的印象很好。伯明翰是仅次于伦敦的英国第二大城市，位于英格兰中部，在伦敦至利物浦之间。伯明翰当时是英国机械工业中心，被誉为"欧洲的大装饰品店"。马修·博尔顿的工厂设在伯明翰北郊的塞荷，规模很大，有3000多工人，主要生产各种金银首饰和工艺制品，尤其是精美的钟表，颇受英国上流社会的欢迎。

瓦特在罗伯克的金内尔住宅里还见过博尔顿一面。当时博尔顿来金内尔拜会罗伯克，罗伯克陪他参观了瓦特的实验工场。

博尔顿是一个精明持重的大企业家，不满50岁，不过看上去比实际年龄要老些。他待人亲切，说话态度文雅，颇有谦谦君子风度。

"你这种新式蒸汽机，真的能超过纽科门泵吗？"博尔顿对瓦特的发明，表现出浓厚的兴趣。

"要造出来才能知道。"瓦特回答得很低调。

"你等着瞧吧。"罗伯克向博尔顿炫耀，"到时候全英国的矿山老板都会来这里，采购我们铁工厂制造的瓦特蒸汽机！"

博尔顿的脸上露出复杂的表情，有赞许，也有些许妒忌。

这次瓦特登门拜访，博尔顿盛情接待了他。瓦特看到博尔顿工厂的设备非常精密，比罗伯克工厂要先进得多，很是惊叹。

博尔顿已风闻瓦特遭到的挫折，很关心他的近况。

“听说你的蒸汽机研制搁浅了？”他同情地问。

“是的。”瓦特承认失败。

博尔顿还记得访问金内尔的情景。如今时过境迁，罗伯克老板遭遇了商战“滑铁卢”，发明家瓦特成了“丧家之犬”，他的新式蒸汽机被尘封在加伦铁矿的工场破屋中……博尔顿感到这是一个大好机会。

和罗伯克相比，博尔顿属于另一种类型的企业家。他实力雄厚，但并不张扬，行事风格低调，而一旦确定了目标，就会紧追不舍。他很看好瓦特的新式蒸汽机，相信它在正孕育的产业革命中前途无量。

博尔顿表示，他对瓦特的创新精神非常赞赏，并愿意赞助瓦特。

“我想，你现在最需要的是新的赞助，这样才能把研制继续进行下去。”博尔顿说得很诚恳，“我愿意帮这个忙。”

瓦特听到此话，浑身都激动起来，仿佛在黑夜尽头突然见到了光明。

“非常感谢您的好意。”他从喉咙里蹦出一句话。

“当然，我是要回报的。”博尔顿坦率地说，“毋庸置疑，任何投资者都想赚钱，区别只在于赚多赚少。但是我可以保证，让你的蒸汽机研制继续进行下去，直到大功告成。”

瞬间，瓦特陷入强烈的思想斗争：一方面，他的机器——倾注了他全部心血的发明成果，被扔在加伦铁矿的工场里半死不活，罗伯克自顾不暇，拿不出钱来继续投资；另一方面，现在有个极好的机会，可以同博尔顿这样实力雄厚的大企业家合伙，确保新机器恢复试制，起死回生。

瓦特犹豫了片刻，回答道：“这件事，我一个人做不了主。”

“我和罗伯克先生还有合约在身……”他又补充说。

罗伯克为了支持新式蒸汽机的研制,几乎倾家荡产。瓦特不愿损害罗伯克的权益,他不是个忘恩负义的人。

“罗伯克先生已经自身难保,如果他选择放弃,应是明智之举。”精明的博尔顿暗示瓦特,最好让罗伯克退出。

绝路逢生

juelufengsheng

瓦特告辞了博尔顿,回到格拉斯哥。他感到热血奔涌,神经兴奋,于是给罗伯克写了一封信,报告了在伯明翰会见博尔顿的情景。瓦特在信中征求罗伯克的意见:“我们是否可以和博尔顿合作?”信寄出后,瓦特有些忐忑不安,他非常希望罗伯克支持自己的想法,但又没有把握。

罗伯克很快从金内尔寄来回信。这位“走麦城”的合伙人在信中大度地表示,支持瓦特的打算。“博尔顿是我的老朋友,资金充足,能得到他的赞助,蒸汽机的研制就可以继续进行了。”

罗伯克提醒瓦特,博尔顿财力雄厚,但人很精明,他是不会白投资的。这一点博尔顿已向瓦特交过底。瓦特要想得到博尔顿的资助,就要分出相当部分的股份给他。至于股份如何分,罗伯克和自己的权益又如何保障,瓦特在信中和罗伯克进行了具体商量。

几天之后,瓦特正式致函博尔顿,表示非常愿意和博尔顿合作,并提出双方合作的条款——博尔顿为蒸汽机的继续研制提供资金赞助,并获得专利的三分之二权益;瓦特和罗伯克共享专利的三分之一权益。

平心而论,这个条款对博尔顿是相当优惠的。瓦特让出自己原有的部分权

中年时的瓦特

益与罗伯克共享，表明了他既希望和博尔顿合伙，谋求实现自己的梦想，又不愿弃罗伯克于不顾。这是瓦特为人的厚道之处。

但是，博尔顿拒绝了这个方案。老谋深算的博尔顿回信表示，他的合作计划不是在原地进行修修补补，而是要另起炉灶，大干一场。

亲爱的瓦特先生：

感谢您和罗伯克先生提出的建议。很遗憾，您们的计划同我的设想相去甚远。我之所以乐意同您合伙，有两个原因：一是我个人对您的敬仰；二是我对一切精良制品的偏爱，何况又有利可图。但您似乎只想为发明机器求助资金，至于如何保证机器精确地造出来以及组织营销，并没有通盘的考虑。据我所知，您的蒸汽机不是那种粗笨的装置，精度要求极高，一般工匠很难达到要求。粗制滥造必然会败坏产品的声誉和质量，而良好的产品信誉是打开销路的关键！

鉴于此，我建议，在我的工厂附近另建厂房，那地方您是见过的。我的员工都是训练有素的工匠，只需在您的指导下很快就能培养成完全合格的机械制造工。具备了这一条件，才能生产出您发明的蒸汽机，既减少成本，又能保证质量。

罗伯克先生曾告诉我，机器将可能供应英国本岛的三个地区，这我会做到。但我想的不是本岛三区，而是全世界。在此，我可以向您承诺我的合伙方式——我想，您最需要的是一个“助产士”来帮您“分

娩”，让您的“孩子”平安地生下来。假如您已经有了这样的助产士，我就没有必要再掺和了。我一向不做那些我照顾不到的事，我的业务很忙，也不允许我去苏格兰，而罗伯克先生想必也会因同样的原因不可能来伯明翰。所以，我只能得出这样的结论：您只能在我和他之间选择一个。

我并未改变初衷，随时准备为您提供我力所能及的服务和帮助。但愿有一天，我能被您接受。

有传记作家评价说，博尔顿的这封信是一份绝佳的商业投资计划书。它清楚地表述了发明家和企业家合伙的条件和共同的商业利益。博尔顿重视产品质量和市场的理念以及营销的雄才大略，在信中都表露无遗。他把自己的角色定位为瓦特蒸汽机的“助产士”，这个比喻也非常贴切。

但是博尔顿有一个苛刻的条件，就是罗伯克必须出局。这一点，瓦特一时接受不了，罗伯克也不同意。

与博尔顿合伙的事，只好搁了下来。

瓦特继续奔走在苏格兰各地，参加河道的勘测和工程施工的监工。从1770年到1772年底，他参与了几项工程的测量，包括克莱德河的河道疏浚、艾尔河上的港湾工程，还有格拉斯哥和格里诺克的几个船坞的修建。虽然工作艰辛，但收入有保障，能维持家庭需要。身为工程师的瓦特工作尽心尽力，吃苦耐劳，任务完成得很出色。他承担的工程质量高，工期短，成本低，在工程界颇受好评。

两年的时光在奔忙中很快过去了。瓦特的蒸汽机成了一个遥远的梦，往事如烟。他偶尔有事到爱丁堡去，会悄悄到加伦铁矿的工场转一圈。工场已变成废墟，院子里长满了野草，耗尽他心血的那台样机依然静静地立在屋角，横梁上挂满了蜘蛛网。见此情景，瓦特不禁潸然泪下。

这时候，英国发生了经济危机。银行的资金链断裂，许多工厂接连倒闭。瓦特在给博尔顿的信中说："罗伯克先生命运多舛，现已焦头烂额，债台高筑。我悲伤地看到，他的命运因我的牵连而悬于一线……"

的确，研制新式蒸汽机耗尽了瓦特的全部所有，也拖垮了罗伯克。瓦特自己在这些实验里花掉的钱，实际已超过了他在机器中享有的那部分价值。在另一封信中，瓦特不得不承认："博尔顿先生原先的建议看来是对的，结果也会是另外一个样子。"

1773 年 3 月，罗伯克终于宣布破产，债主们纷纷上门讨债。罗伯克提出用蒸汽机的专利和实物抵债，但债主们都不同意。在他们看来，搁在加伦铁矿工场的那台机器完全是堆废铁，瓦特的专利更是一文不值。

这时候，独具慧眼的博尔顿出面了，他以廉价买下那台样机，并表示愿意接收蒸汽机的专利权，帮助罗伯克还清债务。债主们都很感谢博尔顿。瓦特和博尔顿合伙的障碍也化解了。

几个月后，博尔顿和瓦特商谈好合作协议。博尔顿以偿还罗伯克的全部债务作为条件，换取该项专利的三分之二权益。瓦特保留专利的三分之一权益。

罗伯克破产，博尔顿接手，瓦特的发明事业因此绝路逢生。大发明家和大企业家联手，开始向实用蒸汽机的高地发起轰轰烈烈的猛攻。

KEXUE JUREN DE GUSHI

走向市场

移师伯明翰

yishibominghan

瓦特还有些工程的善后工作要完成，他加班加点地进行，希望早日脱身，重新开始蒸汽机的研制工作。

1773 年 9 月，瓦特正在苏格兰高地的一条渠道上进行勘测收尾工作，突然接到妻子玛格丽特病危的消息。瓦特冒着暴风骤雨，连夜骑马赶回格拉斯哥。但当他赶到家时，玛格丽特已经去世。玛格丽特是因为难产死的，连同腹中的婴儿都没有抢救过来。

瓦特悲恸欲绝。温柔体贴、贤淑文静的妻子就这样撒手人寰，简直是晴天霹雳。

最让瓦特内疚的是，自从结婚以来，玛格丽特几乎没有享过一天福。一个穷发明家的妻子，追随着丈夫，历尽了实验、失败、破产的痛苦经历，却无怨无悔。在瓦特最难熬的岁月，是玛格丽特给他以安慰和鼓励。

“亲爱的，我相信你是最好的，你一定能成功。”

“如果蒸汽机搞不成了，你还可以搞其他的，千万不要绝望哦。”

如今他将重返蒸汽机研制的战场，但是玛格丽特却永远看不到了！

瓦特痛失贤妻，悲痛欲绝，很长时间都恢复不过来。

但是人死不能复生。只有完成蒸汽机的夙愿，才是对逝者最大的慰藉。在亲友们的安慰下，瓦特渐渐地重新振作起来。

1774 年春天，瓦特完成了渠道勘测的收尾工作。之后，他赶到爱丁堡加伦铁矿的工场，和博尔顿派来的工人一起将蒸汽机小心地拆开，把汽缸、冷凝器和其他零件一一严密包装好，再转运到伯明翰郊外的塞荷，重新装配起来。博尔顿手下的技工都很优秀，组装工作进行得很顺利。

博尔顿为瓦特准备了一套房子，让他把两个孩子也接到了塞荷。

“塞荷就是你的家。”博尔顿温情地说。

“谢谢您的周到安排。”瓦特很感动。

“塞荷是争夺蒸汽机制高点的战场。”博尔顿气度不凡地说，“咱们一定要打个翻身仗！”

瓦特给父亲写信说：“我在伯明翰的工作很顺利，博尔顿和罗伯克不同，更能理解我的工作，更懂我的机器。”

博尔顿和瓦特在塞荷成立了“博尔顿—瓦特公司”，开始研制开发蒸汽机。塞荷制造工厂就是他们的大本营。至此，瓦特迎来了一生最辉煌的时期。这时他 38 岁。

瓦特仔细分析样机存在的问题，寻找改进的突破口。他发现在加伦铁矿工场制造的汽缸工艺不过关，是个很大的问题。缸体口起初竟制成了椭圆形，不

博尔顿的塞荷制造厂

得不用木模胎靠手工锤击来修正。这是造成汽缸漏气的主要原因。

“在塞荷，有没有办法解决造汽缸的工艺问题？”他问博尔顿。

博尔顿告诉瓦特，伯明翰附近有一家机械制造厂，新装了几台大型钻床和镗床，可以加工金属圆形缸体。这家机械制造厂的老板名叫约翰·威尔金森，以前发明了制造加农炮炮筒的方法，能使整个炮筒的内壁圆滑无比。

“他是全英国最好的铁器制造商。”博尔顿肯定地说。

瓦特听后兴奋地说：“真是天助我们也！”

瓦特和博尔顿立即去威尔金森机械制造厂，委托订制一个直径 46 厘米、壁厚 2.5 厘米的新汽缸。不久，新汽缸制造出来了，完全达到设计要求。瓦特用新汽缸重新组装成一台真正的新式蒸汽机。经过实验，效能比原来的样机有明显提高。

瓦特怀着激动的心情，写信向父亲报告：

> 我在塞荷进行的工作，总算获得了成功。我发明的蒸汽机现在正在转动，它比以往所做的任何发动机都好。我想这个发动机对人类将会有更大的益处。

瓦特蒸汽机的灿烂前景朦胧地呈现在眼前。

深谋远虑的博尔顿，比瓦特看得更远，他指出：瓦特蒸汽机的专利期只有 14 年，而现在已过了将近 6 年，机器还有一些实验需要做，而且在产品正式进入市场之前，不仅需要建造新的生产车间，还要做营销宣传，然后才能收回成本，产生利润。现在专利期只剩下 8 年，时间太短了，获利的空间非常小，所以必须向国会申请延长专利期。瓦特完全支持博尔顿的决定。

博尔顿提出了一项将瓦特蒸汽机的专利期从 14 年延长到 25 年的方案，

并到国会积极游说。国会议员中有不少工矿企业主，由于各自的利益不同，看法分歧很大。有位名叫巴可的议员，更是强烈反对博尔顿的提案。

"专利期延长了，会导致新发明被人垄断专营，这样对国家不利；而且专利机器价格贵，会使工矿企业主难以承受。"巴可说得振振有词。

"瓦特发明蒸汽机屡败屡战，历尽了艰辛，几次破产，最后才见到成功的曙光。"博尔顿在国会力排众议，大声疾呼，"如果没有足够长的专利有效期作保障，发明家的积极性必然受到挫伤，谁还会做这种劳而无功的傻事！据我所知，一些铜矿因为无法进行深层开采已经处于半瘫痪状态。要是没有瓦特的新机器问世，矿业主们只能面对深井下的积水一筹莫展，望井兴叹，乃至停工。真正受损害的是矿业主们，是国家。"

博尔顿的雄辩，取得了意想不到的效果。他不仅阐述了延长专利期的必要，还宣传了瓦特蒸汽机的优越性，可谓一箭双雕。

1775年5月，经过博尔顿的不懈努力，英国国会终于通过法令，准予瓦特蒸汽机的专利期限由14年延长到25年。

收获的日子终于临近了。没有多久，博尔顿收到了两台大功率蒸汽机的订单。他和瓦特立即安排组织生产，瓦特负责机器的设计和技术监制。这两台具有历史意义的机器，有一台是威尔金森机械制造厂的订货，将用在一座高炉上做鼓风机，汽缸直径96.5厘米；另一台则是为本特利矿业公司在蒂普顿附近的布鲁姆菲尔德煤矿制造的，汽缸直径127厘米。为了保证质量，两个汽缸都是委托威尔金森机械制造厂生产的。有关蒸汽机的一切精细部件——阀门、活塞、各部分连接件以及冷凝器等，都由博尔顿和瓦特共同掌管的塞荷制造厂生产。

一天，法国政府的一位部长来塞荷制造厂访问。参观完工艺制品后，博尔顿特地领他观看了蒸汽机的生产流程。这位部长表现出浓厚的兴趣。

博尔顿向他介绍说："部长先生，我们正在生产全世界都想拥有的东西——力量,而这位瓦特先生就是'力量'的发明者。"

"博尔顿先生,您说得太精彩啦!"这位部长大人赞叹道。他握着瓦特的手,由衷地说:"向'力量'先生表示我的敬意!"

博尔顿的这句话,后来成为他推销瓦特蒸汽机的广告词:

先生,我卖的是全世界都想拥有的东西——力量!

没有多久,这句经典的广告词就传遍了全世界。

首次亮相

shouciliangxiang

1776年3月8日,瓦特蒸汽机走出工厂,在本特利矿区首次亮相。

这是一个不寻常的星期五。在英格兰中部的蒂普顿附近本特利矿区,一台庞大的蒸汽机在矿井旁被架设起来。这台机器是塞荷制造厂为布鲁姆菲尔德煤矿制造的。光临现场的有:本特利矿业公司的矿主们和董事们,博尔顿、瓦特,还有一批科学界的人士和报社记者。来宾们的目光里都充满好奇,表情异常兴奋。

大家都很期待,这台新机器行吗?它的性能真的能超过老资格的纽科门泵吗?也有来宾担心,这台新型蒸汽机会不会愚弄所有的人呢?包括购买它的本特利先生和他的同事们,还有这位发明人瓦特和他的合伙人博尔顿先生,以及所有蜂拥而至观看机器运行的人们。

围观的人越来越多,他们不停地向前涌动,最后都静静地站住了。一位满

头大汗的工程师在高大的机器周围忙碌着，他灵活地从这一头走到另一头，一会儿牵动连杆，一会儿开启或关闭阀门。在他上面，那根巨大的横梁就像风箱突出的手柄一样，沿着枢轴上下移动，忽隐忽现。

瓦特蒸汽机被用于伯明翰运河航道
（上方为蒸汽机巨大的横梁）

所有的目光都聚焦在他灵巧的双手上，只见他依次关闭了一系列阀门，检查了一下仪表，拽动了一根控制杆，然后静静地观察，最后他伸出手臂，打开一只新阀门。

于是，在他头顶的高处，那根巨型的横梁柄突然向下移动了。它向下移，冲程大约达到 6 米多；随后它又上抬，接着又猛然下移，然后又上抬，再下移，全是重击式的冲程。铁链叮当作响，木架嘎吱嘎吱地呻吟着，机房四壁震颤着，发出嘈杂的声音。围观的人群出神地望着横梁富有节奏的升降运动，耳朵几乎都要被震聋了。

与此同时，矿井深处的水被提上来了，矿井深处的水位开始下降。

不到一小时，演示结束，原来矿井中深达 17 米的水现在已经抽干了。这根巨型横梁作了最后一次下降运动，工程师关闭了阀门，机器停止了。紧接着，人声鼎沸，现场一片欢腾。

坐在贵宾席上的瓦特和博尔顿，露出会心的微笑。本特利矿业公司的老板们从座位上站起来，相互拍肩拥抱，互道祝贺。

瓦特新型蒸汽机的演示获得巨大成功，在当地引起轰动。

3月11日《伯明翰报》报道：

博尔顿—瓦特蒸汽机向大众展示了它绝无仅有的性能。参观者络绎不绝，唯恐看不上。这台蒸汽机与以前所见的蒸汽机截然不同，做相同的活，所用燃料仅为纽科门泵的四分之一，这简直令人难以置信！这台机器的精彩表演，充分满足了矿业主们和科学界人士的期望。机器的整个工艺颇受人们的关注和赞叹。

这种蒸汽机不是靠大气的压力来工作的，其原理与所有别的蒸汽机大相径庭。这种新式蒸汽机是由瓦特先生经过多年研究，并进行了各种各样花费昂贵而又艰苦的实验之后才发明出来的。如今，这种蒸汽机在他和博尔顿先生的指导下，在本城附近的塞荷制造厂里进行生产。他们将在那里完成4台这种发动机，并组建了一个联络机构，以便实现一项十分宏大的计划——生产几乎可适用各种用途的蒸汽机。

这台蒸汽机从一开始运转，就能每分钟大约进行14~15个冲程，不到一个小时，就把这台引擎所在的那个矿井（井深约27米，水深达17米）里的水抽完了。

演示结束，那些贵宾们去附近就餐，工人们也尾随而去。人群散了，留下这台本特利公司新购置的机器默默无声地立在原地，等待着再次运行。然而，它最伟大的使命已经完成——它预告了蒸汽时代已经来临！

瓦特把演示成功的消息报告给父亲。老詹姆斯回信表示祝贺，并要他回格里诺克一趟，说有要事相商。

瓦特回到家乡格里诺克，才知道父亲张罗着让他再婚。瓦特起初不同意，玛格丽特去世虽已三年，但他一直很怀念她。父亲说，瓦特要搞新机器的研制和推广，东奔西走，生活很不安定，两个孩子是个拖累。如果家里有个新主妇，可以有个照料。父亲托人在格拉斯哥给儿子物色了一个对象，是个印染商的女儿，名叫安娜。瓦特和安娜见了一面，安娜穿着整洁，节俭能干，属于典型的苏格兰主妇型，瓦特于是同意了。安娜的父亲对瓦特的成就也很满意。

在举行婚礼之前，父亲得知瓦特和博尔顿的合作只有口头协议，没有签订正式合同。瓦特解释说，博尔顿很重信义，一诺千金；自己也说话算数，信守承诺，不会有什么问题。

“这怎么行！女方家长要是知道你这个发明家连协议书都没有签，肯定不会同意这门婚事。”

在父亲的敦促之下，瓦特及时与博尔顿取得联系，并达成共识。两个合伙人很快就把正式合同搞定了。

合同条款如下：

一、瓦特专利的三分之二权益转让给博尔顿。

二、博尔顿付清过去的一切费用，并承担将来的全部费用。

三、机器生产营销的资本，全由博尔顿负担；有关营运费用的所有账簿也归博尔顿掌管，一年结算一次。

四、瓦特负责机器的设计和监督以及检验工作，在一定的期间内，给予300英镑年薪的报酬。

五、合同在1775年6月1日起生效，有效期为25年。

于是，瓦特和安娜在格里诺克举行了婚礼。

瓦特带着第二任妻子回到伯明翰。他告诉两个孩子——6 岁的儿子詹姆斯和小女儿玛格丽特:“这是你们的新妈妈。”詹姆斯是个顽皮蛋,一边扮着鬼脸一边说:“新妈妈好!”玛格丽特则沉默不语。

瓦特回到伯明翰后,才发觉自己娶回来一个管家婆。玛格丽特和瓦特是结发夫妻,相知相契。安娜不像玛格丽特那样温柔贤淑,体贴入微,她的个性很强,主持家务说一不二,强调守规矩,讲纪律。无论大人小孩,起床睡觉都要严格按照作息时间表。而且安娜还有洁癖,每一间房门口都要摆一块毛巾,任何人进屋前都得先擦鞋,客人也不例外。没有多久,两个小孩就被训练得乖乖的了。甚至连家里养的小狗,进房前也知道要先擦擦爪子,否则绝不敢迈过门槛。

安娜的长处是吃苦耐劳,克勤克俭。对一个发明家来说,这倒是莫大的优点。随后在瓦特征战康沃尔矿区的期间,她陪伴在身边,家务料理得井井有条。

征战康沃尔矿区

zhengzhankangwoerkuangqu

康沃尔矿区位于英格兰西南端的康沃尔郡,是英国的矿业中心,在英国矿业界举足轻重。康沃尔郡是一个半岛,东与德文郡相邻,南临英吉利海峡,西面和北面濒临大西洋,境内多丘陵,盛产锡和铜。康沃尔的采矿业具有悠久的历史,早在 11 世纪与 12 世纪就已创办了锡矿业,后来规模不断扩大,到中世纪时康沃尔的矿厂数目约有 2000 座。

第一台实用蒸汽机在本特利矿区展示成功后,博尔顿—瓦特蒸汽机的订单从全国各地源源不断飞来。伦敦一家酒厂订购一台,考文垂市附近一家矿山也订购一台,苏格兰也有一份订单,还有来自其他国家的一些询价单。博尔顿在塞荷制造厂里建成一个大型车间，专门生产蒸汽机。

康沃尔的矿主们也瞄准了博尔顿—瓦特蒸汽机，他们想要这种新机器的愿望比其他地区更强烈，因为他们开采的并不是煤，而是铜和锡。煤矿使用自己挖出来的煤做燃料，基本上不花钱，而他们使用的每一块煤都得从外地运来，非常金贵。使用纽科门泵，生产成本攀高，使矿主们负担甚重，却又束手无策。瓦特新式蒸汽机的出现，给焦头烂额的康沃尔矿主们带来了希望和转机。

新式蒸汽机的消息，很快传遍了康沃尔。1776 年夏天，一个康沃尔矿主代表团来到英格兰中部，参观了在布鲁姆菲尔德的新式发动机，然后访问了伯明翰的塞荷制造厂。他们走后，瓦特发现蒸汽机的一张总装配图纸不见了。

博尔顿得知后，非常愤怒，立即写信给代表团领队雷德鲁思矿的老板托马斯·恩尼斯，谴责他们盗窃新蒸汽机技术。平素温文尔雅的博尔顿在信中尖刻地指出："先生，我们不是开办一所教别人制造蒸汽发动机的学校，我们不提供图纸，只销售由我们自己制造的机器！"

托马斯·恩尼斯很快回了信，那份图纸被追了回来。这位康沃尔矿业大老板在信中解释说，拿图纸的人叫理查德·特里维西克，是一个锡矿的经理，因为不知道是总装配图而"误拿"了，非常抱歉。

这个戏剧性的插曲过去不久，康沃尔矿区便订购了两台瓦特蒸汽机。一台由靠近雷德鲁斯的廷唐矿订购，汽缸尺寸为 132 厘米；另一台由特鲁罗的忙碌矿订购，汽缸尺寸为 76 厘米。雷德鲁斯和特鲁罗相距 16 千米，位置都在康沃尔半岛的最南端。康沃尔矿区使用纽科门泵多年。50 年前，纽科门曾亲自来到这里把一台纽科门泵安装在特鲁罗附近的霍尔洛斯矿。半个世纪过去了，纽科门的这台老掉牙的机器还在嘎吱嘎吱地转动。矿区的技术人员对瓦特的新蒸汽机大都抱着半信半疑的态度。

由于康沃尔矿区的地位太重要了。博尔顿和瓦特都清楚，这两台新机器能否安装运行成功，关系着瓦特蒸汽机能不能在康沃尔矿区立足，进而走向全英国、全世界的市场。

1777 年 8 月，瓦特由安娜陪同离开伯明翰，南下康沃尔，亲自去指挥新机器的安装工作。他们搭乘轻便邮递马车，再转乘公共马车，一路颠簸，经过四天疲惫的旅程，终于抵达特鲁罗。

瓦特对康沃尔的第一印象颇为不佳。他给博尔顿写信说："这里的人粗野蛮横，不懂礼貌，对我们冷眼相待，一点也不欢迎……这里的老发动机既蹩脚又危险，房子破破烂烂，由于房顶上的贮水器漏水，而使样样东西都在滴水。"

瓦特夫人在给博尔顿夫人的信中则写道："对于这个地区，我简直不知该向您说些什么好。我们所待的特鲁罗，是全郡最难忍受的。土地被开矿者挖得千疮百孔，面目全非，到处坑坑洼洼。地上堆满了垃圾，很难看到一棵绿树。"

忙碌矿订购的蒸汽机，已提前运到特鲁罗。负责安装的技师名叫托马斯·达德利，前不久曾到塞荷制造厂催货并接受技术培训，工作认真，瓦特对他的印象不错。

在瓦特的具体指导和监督下，这台汽缸为 76 厘米的新机器开始进行安装。为了确保机器安装精确到位，操作无误，瓦特亲自做示范，严格操作，反复进行调试。矿区的工程师对瓦特一丝不苟的工作态度很佩服。达德利也干得很不错。

康沃尔老矿区旧址

1777 年 9 月，新机器开始运转。这是康沃尔矿区的第一台瓦特蒸汽机。

瓦特写信向博尔顿报告:“忙碌矿的发动机运转良好。”一个月以后,他在信中又幽默地说:“这台发动机运转得越来越好,忙碌矿比从前更忙碌了!”

不久,廷唐矿订购的汽缸为132厘米的蒸汽机也运到了。瓦特又赶往雷德鲁斯,亲自指导机器的安装和调试。他从一个矿区赶到另一个矿区,工作连续不断,非常疲劳。瓦特在工作日志里写道:“我感到非常疲倦,我的身体就像犹太谚语所说的,变成了‘以色列人的第12个支系’!”意思是自己快累散架了。由于矿区里没有合格的机械工人,操作人员都是现教现学,临时抱佛脚。许多事都要瓦特亲力亲为,手把手做示范。稍有不慎,就会因为操作工的无知或好奇造成失误,甚至损害机器。

瓦特克服了诸多困难,不辞辛劳,终于圆满完成了这台功率更大的蒸汽机的安装。一个月后,廷唐矿的新机器也开始运转。这是康沃尔矿区的第二台瓦特蒸汽机。

两台新机器的功能和效果,大大超过了纽科门泵。瓦特蒸汽机的声誉在康沃尔矿区传了开来。

紧接着,订单源源不断地向塞荷制造厂飞来。特里格塔丘陵锡矿订购了一台大型蒸汽机,汽缸尺寸为160厘米。查斯沃特矿也订了一台汽缸为160厘米的蒸汽机。查斯沃特矿原有一台汽缸尺寸为183厘米的老式蒸汽机,用瓦特的汽缸和冷凝器进行了改造,原来的汽缸则被用作蒸汽套。这些新机器于1778年开始在康沃尔矿区运行。

西区哈拉曼宁矿也不甘落后,订制了一台汽缸尺寸为102厘米的新式蒸汽机。

除此之外,更多的瓦特蒸汽机订单正从查斯沃特附近东区的波尔代斯、阿尔与凯克斯、波尔多利等矿山发来。塞荷制造厂全力投入到紧张忙碌的生产中。

为了安装调试新机器,1778年5月,瓦特和安娜再次来到康沃尔矿区,在那儿逗留了很长一段时间。在康沃尔矿区要做的事太多,瓦特甚至在圣诞节都

康沃尔矿区

没赶回伯明翰。1779年，安娜为瓦特生了一个儿子。这时，瓦特的大儿子詹姆斯已9岁，长得健康活泼，胖嘟嘟的，他长大以后成了瓦特事业的继承者。不久，博尔顿在靠近东矿区的根纳普山谷的科斯加恩，买了一所房子供瓦特夫妇使用。这是一栋乡村别墅，环境幽静舒适，房子宽敞整洁，窗户上装有上下推拉的双层窗框，外墙上爬满了葡萄藤。花园里种着桃树、李树和红醋栗。

劳动创造世界，创新创造奇迹。瓦特蒸汽机的调试成功，让世界也变得更加美好。瓦特赞叹道："康沃尔也有这样美妙的地方啊！"

仅仅6年，瓦特蒸汽机就在康沃尔矿区占领了市场，取得了辉煌成果。到1783年，康沃尔矿区还在使用的纽科门泵已经所剩无几了！这时已有21台瓦特新蒸汽机在康沃尔矿区运转。在1784年至1788年间，康沃尔矿区又安装了18台新蒸汽机。

瓦特蒸汽机成为康沃尔矿区的救星，许多濒临停产的铜矿和锡矿免于倒闭，重新焕发了活力。这也拯救了一大批受失业威胁的矿工。瓦特蒸汽机的销路打开后，利润随之大幅增加。蒸汽机的两位合伙人——发明家瓦特和企业家博尔顿，除了偿还他们的投资和亏损外，还获得了丰厚的回报。这是他们应得的。博尔顿虽然很富有，但因瓦特蒸汽机的研制投入太大，也差一点被拖垮，他甚至把父亲留下的地产和妻子所有的土地都变卖了。在资金最匮乏的时候，博尔顿毫不动摇，仍然支持瓦特的实验。他想方设法积极筹资，以抵押的方式，从伦敦银行家那里筹集到1.7万英镑贷款，解决了资金问题。这位精明的企业家还以蒸汽机的专利权做担保，从特鲁罗的当地银行筹集到一笔资金。这些资金保证了瓦特蒸汽机研制的成功和最终走向市场。

助手默多克

zhushoumoduoke

在瓦特进军康沃尔矿区的征战中，有一位年轻有为的得力助手立下了汗马功劳，他就是默多克。瓦特的传记作家称这个人"在瓦特蒸汽机的经历中，功劳仅次于博尔顿"。

默多克是苏格兰人，1754年生于艾尔郡的贝洛米尔。默多克的父亲是当地的磨坊主，并且是个能工巧匠。默多克从小受父亲的熏陶，在机械方面的天赋不在父亲之下。1777年，瓦特蒸汽机的声誉传到艾尔郡，23岁的默多克备受鼓舞，决心南下伯明翰投奔瓦特，在塞荷制造厂找份工作。

默多克风尘仆仆地来到塞荷制造厂找瓦特，不料扑了个空。

"请问，瓦特先生在吗？"他向门卫打听。

门卫身材高大，看上去像铜铸似的威风凛凛。

"你从哪里来的？"他打量着默多克，只见小伙子背着简单的行囊，衣衫寒碜，头上戴顶别致的帽子。

"瓦特先生认识你吗？"门卫又问。

"不认识我，但我们是老乡，我从苏格兰专程来拜访他。"

"哦，瓦特先生不在，他去康沃尔矿区了。"

"去康沃尔了！"默多克一脸失望，"知道他什么时候回来吗？"

“说不准，恐怕要好几个月吧！”

“康沃尔远在天边，那是天涯海角！”默多克叹息道，一脸的无奈。

“你大老远跑来拜访瓦特先生，有什么事吗？”门卫挺同情小伙子。

“我想在塞荷制造厂找点事做。”

“你先等一下。”门卫让默多克等一会儿，他进去向博尔顿禀报。

博尔顿正在经理室伏案工作，听说有个苏格兰青年来求职，于是说：“叫他进来吧。”不一会儿，一个体格结实、模样机灵的小伙子走进经理室，他看上去很兴奋，又有点紧张。

“听说你想来塞荷制造厂工作？”博尔顿问。

“先生，是的。”默多克摘下帽子，向博尔顿行礼。

“你有什么专长呢？”博尔顿问他。

“我父亲是个磨坊机匠，我一直在帮他干活。”

“磨坊机匠对机械可是外行。”

“先生，我要是老窝在磨坊里，不会有出息的。”默多克急切地表白，“瓦特先生发明的蒸汽机，非常了不起，在我们那儿都轰动了。我和他是老乡，所以来找他。”

“可是，我们厂一般的普通工已经满员了，除非你有特别的本事，否则很难安排。”博尔顿很理解默多克的心情，尽量把话说得婉转些。

默多克紧张地站在博尔顿面前，手指不停地卷着他的硬帽边。

博尔顿的目光被那顶帽子吸引住了。那顶帽子和他从前见过的所有帽子迥然不同，不是布面的，看上去像是油漆过的。

他随口问道：“这顶帽子挺奇怪的，它是用什么做的？”

“木材，先生。”默多克局促地回答。

“木材！”博尔顿非常惊讶，“怎么做出来的？”

“先生，是我用自造的车床把它车出来的。”默多克回答说。

“哦，用车床车出来的呀！”博尔顿更惊奇了。

这一刻，他意识到面前这个年轻人是一个奇才！要用车床车出一顶木质帽子，是一种超出常规的工作，需要一种可以车椭圆形物体的车床。更何况他还能够制造和使用这种特别的机器，这绝不是一个普通机匠所能胜任的。

慧眼识才的博尔顿，当即拍板留下默多克。

“年轻人，恭喜你被塞荷制造厂录用了！”

“先生，谢谢您给我机会！”默多克喜出望外。

这顶帽子的奇缘，后来成为蒸汽机发明史上的一段佳话。默多克如愿以偿地加入了瓦特的团队，他的聪明才智因此得到了充分发挥，后来成为瓦特最得力的助手。

默多克最初被安排在车间制作模具，他干得很出色，不久就担任了新机器的监制工作。默多克的悟性很高，在瓦特的培训和指导下，很快就掌握了新机器的生产流程，并学会了安装和维修。蒸汽机的安装和维修当时是门新技术，一般技师很难掌握。瓦特常常为此伤脑筋。每一台新机器安装时，他都得亲自到矿区现场指挥和监督，疲于奔命，非常辛苦。有了默克多，这一境况就可以缓解了。

默多克

默多克被派到苏格兰的伯德沃思，负责装配一台汽缸直径为91厘米的新机器，他圆满完成了任务。后又到希罗普郡的唐宁顿伍德，成功安装了一台功率更大的新机器。默多克工作兢兢业业，认真负责，不辞劳苦，得到客户们的好评。只要工作需要，他可以夜以继日地工作。博尔顿也很赏识他，说默多克是他“见到过的最敬业、也是最善于安装发动机的技师”。

1779年9月，默多克被派到康沃尔矿区，协助瓦特工作。瓦特不久返回伯明翰，之后，默多克继续留在康沃尔矿区，在那里驻守了多年，确保数十台瓦特蒸汽机正常运转。如果有一台发动机出了故障，默多克不把故障排除掉是绝不会休息的。

瓦特在给博尔顿的信里，曾报告默多克在两个矿井奔忙的情况：

> 默多克是个不知疲倦的人，从安装工作一开始，他就废寝忘食，谁都不如他能干。上个星期四和星期五，默多克日夜苦干了两天之后，又收到了西区处女锡矿的一封告急信，要他马上赶到那里，因为一台机器停转了，他们想尽一切办法都无法启动发动机。要是默多克不能立即赶到，他们就只好熄火停产了。于是，默多克星期六一大早就赶到处女锡矿，启动了那台机器。在机器良好地运转了五六个小时之后，他才离开那里。他回到统一矿时，已经是深夜11点了。接着，他又为那些发动机忙碌起来，一直干到凌晨4点才就寝。今天上午10点，我又看到他在贮水槽那里，忙着找寻震落的栓钉和栓销。他患了重感冒，打着喷嚏，浑身发热，我强迫他回家睡觉……

正因为有默多克这样忠诚敬业的干将相助，瓦特蒸汽机进军康沃尔矿区才取得了辉煌的战果。

不仅如此，默多克很快显露出杰出的发明创造才能，其水平仅次于瓦特。后来瓦特对蒸汽机的几项重大改进，默多克都提出过宝贵的意见。

KEXUE JUREN DE GUSHI

蒸汽时代

改进再改进

gaijinzaigaijin

科学发明的灵魂是创新。瓦特属于那种不断进取的发明家。

瓦特蒸汽机和纽科门泵都是往返式的蒸汽机，只能做往返的直线运动——向上向下，所以多用于提取矿井深处的水，这显然限制了它的使用范围。实际上，还有更多的机器——如面粉厂的磨粉机、纺织厂的纺纱机，还有车辆的轮子等，都是以旋转的方式运动的。它们一圈又一圈地旋转，周而复始。

如果能把蒸汽机的运动从“直线往返”转换为“旋转运动”，必然大大拓宽它的使用范围，这将是一个重大革新。

早在1766年2月瓦特在写给罗伯克的一封信里，就提到了“旋转式发动机”的设计方案。瓦特移师伯明翰与博尔顿合作之后，为了走向市场，首先考虑的是集中精力研制实用的复式蒸汽机，暂时放弃了这个想法，但让蒸汽机实现旋转运动的目标却从未动摇过。

瓦特蒸汽机占领了康沃尔市场后，声誉日隆。许多蒸汽机的潜在客户，对机器提出了新的需求。尤其是一些磨坊主，热切地渴望着蒸汽碾磨机的诞生。

1781年6月，博尔顿在给瓦特的信中写道：

伦敦、曼彻斯特和伯明翰的那批人，正狂热地渴求着蒸汽碾磨机。我并不是催促您，但我认为在一两个月内，我们应该下决心取得制造旋转运动蒸汽引擎的专利权……再也找不到像康沃尔矿区这样的地方了……要打开蒸汽机最有希望的新销路，就是把它们运到磨坊中去。这肯定是一个广阔的天地。

博尔顿的信具有战略眼光,展示了一个广阔的新市场,这对瓦特来说无疑是个激励。企业家看到的是市场前景,发明家看到的是科学创新的挑战。瓦特被动员起来,全力投入到这项研究中。

中年瓦特

要把“直线往返运动”转换成“旋转运动”,最简单的方法是采用曲柄。所谓曲柄是一只附在一根连杆上的轮子,顶杆附有铰链,连杆的往返运动可以带动轮子旋转。这是一种很平常的机械,通过曲柄和连杆可以把直线运动变成轮子的旋转运动,当时已应用在水力纺纱机和手摇磨刀石上。

但是,曲柄已在 1780 年 8 月被一个名叫毕卡德的人申请了专利,此人是个纽扣制造商,专利期限 15 年。曲柄的发明者据称是个制造钟表的机械师,名叫俄许巴拉。瓦特以前曾请他制造过管嘴形东西。如果瓦特蒸汽机要采用曲柄,须经毕卡德同意,并且要付给毕卡德专利使用费。为了避免麻烦,减少成本,瓦特决定绕开曲柄专利采用一种新的装置。

“默多克,你看有没有什么好办法,可以代替曲柄的?”瓦特征求默多克的意见。

“让我想想看。”默多克回答道。

三天以后,默多克来向瓦特报告。

“我想出了一个点子,先生看行不行?”他满脸喜色。

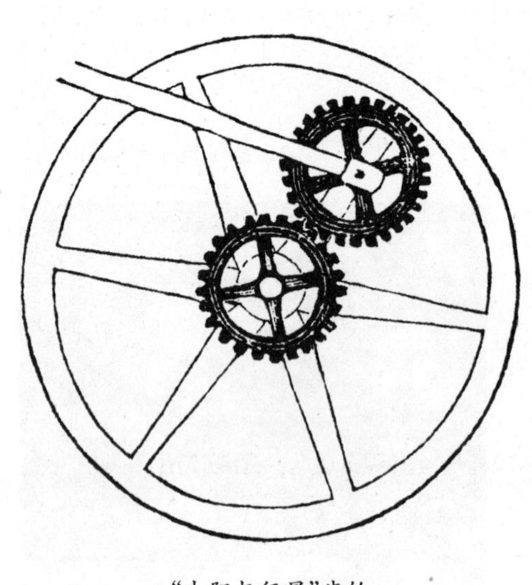

“太阳与行星”齿轮

“什么好点子？说说看。”瓦特急切地说。

“先生您看，”默多克在纸上画了一个草图，“曲柄是附在一根连杆上的轮子，靠铰链带动。如果我们去掉铰链，改为采用两个轮子，横杆前后运动带动一个开了槽的轮子围绕着另一个轮子旋转，而这一个轮子又带动下一个大得多的飞轮转动，横杆的直线运动这就转换成旋转运动了……”

“太好了！你是怎么想到这个点子的？”瓦特击掌赞叹道。

“我是从赫歇尔今年刚发现的天王星得到启发的。”默多克回答说，“赫歇尔起初以为它是彗星，其实它是行星，就像其他行星一样在围绕着太阳旋转。于是，我的脑海里就蹦出了这个太阳与行星系统……”

“妙极了！就叫作‘太阳和行星’齿轮。”

根据默多克提出的思路，瓦特很快就研制出一套“太阳和行星”的齿轮联动装置。1781 年底，瓦特把这个成果申请了专利。专利名称为“直线运动转换为旋转运动的五种方法”，其中“太阳和行星”齿轮最为实用。这套新装置装在蒸汽机上，成功地把活塞往返的直线运动转变成了齿轮的旋转运动。这一发明绕开了曲柄专利的限制，极大地拓展了蒸汽机的应用，使瓦特蒸汽机真正成了能带动一切工作机的动力。一些研磨玻璃的工厂、面粉厂的订单纷纷飞来。直到 14 年后毕卡德的曲柄专利到期，瓦特蒸汽机才改为使用曲柄装置，因为曲柄的结构比“太阳和行星”齿轮简单，加工方便，成本也更低些。

在研制“太阳和行星”齿轮的同时，瓦特还完成了蒸汽机的另一项重大革新，就是把汽缸的活塞从“单向推动”变为“双向推动”(瓦特称之为二重式汽缸)，使汽缸的动力增加了一倍。以往的蒸汽机都是单向推动的，蒸汽只能由活塞的一边导入；而双向式蒸汽机，则是由活塞的两头轮流导入蒸汽。这样一来，同样大小的汽缸，在同样时间内和消耗同样燃料的条件下，可完成的动力是“单向推动”的两倍。

伯明翰街头的镀金雕像(右起：瓦特、博尔顿、默多克)

1782 年，瓦特的双向式蒸汽机取得了专利，专利名称为“用于抽水和其他目的的蒸汽机的若干革新与发明”。1783 年 3 月，这种型号的第一台实验性蒸汽机在塞荷开始运转。它是一种小冲程的机器，有一个 46 厘米的汽缸，被用来带动一台小型的谷物碾磨机。

瓦特在试用中发现，由于双向式蒸汽机的活塞杆限制在只能做上下运动的轨迹上，而横杆的顶端却在一侧做圆弧运动。要把活塞杆的直线运动和横杆的圆弧运动糅合在一起，就必须设计一个新的部件来完成这种衔接和协调作用。这是一个很棘手的难题。瓦特反复琢磨，希望找到一个解决的妙法。

1784 年 6 月，瓦特写信给博尔顿告知实验有望成功。瓦特戏言道：“我已放出了一只野兔，猎犬在后紧追不舍！我瞥见了一种方法，将活塞杆固定在横杆的一个铁块上，活塞杆就可以上下作垂直运动……不过，我只在一个小的模型上作了实验，虽然胜利在望，但还需再试。”

瓦特双向式蒸汽机实物照(1788年制造)

功夫不负有心人,“猎犬”终于逮住了“野兔”。瓦特巧妙地增加了第三根连接杆，其杆上的一点正好就是直线与圆弧的交会点。活塞运行到这个点上时，就把它所有的上下推动力全部传递给横杆的顶端,于是，沿着一个圆弧移动的横杆在空中摆动起来。瓦特把这个发明称为“平行运动装置”,它利用三根杆子的运动转为一种直线运动,而由这种直线运动来使活塞杆运动。

瓦特于同年申请了该项发明的专利。瓦特很得意自己的这项发明,晚年时曾对儿子詹姆斯说:“爸爸并非沽名钓誉的人，但我对发明平行运动装置感到非常自豪！”

之后,瓦特又发明了离心式调速器,可以自动调节活塞的快慢,以确保活塞运动的速度保持匀速。

至此,瓦特完成了对蒸汽机的整个发明过程。“太阳和行星”齿轮、双向式蒸汽机、平行运动装置、离心式调速器——这几次技术飞跃,使瓦特蒸汽机最终臻于完善,成为普遍用于大工业和交通运输的“万能动力机”。

在伦敦,第一个装配这种最新双向式蒸汽机的是固特维英酿造厂。此后，博尔顿和瓦特陆续收到订单。几年之后，全伦敦的酿造厂都用上了这种双向式蒸汽机。

披荆斩棘

pijingzhanji

瓦特蒸汽机在开创新时代的征途中,并不是一帆风顺的。

瓦特蒸汽机在康沃尔矿区热卖后,出现了一些不法分子打着"发明家"和"机械师"的旗号,以塞荷制造厂一半的定价承接订货,兜售自制的伪劣机器。还有一些骗子,经常到塞荷制造厂附近的小酒馆,同制造工们套近乎、拉关系,打听蒸汽机的生产机密,甚至不惜花钱收买情报,再以高价转卖给那些伪造蒸汽机的不法分子。

起初,博尔顿对这些消息并不在意。但是,不久在康沃尔的铜矿就出现了假冒的蒸汽机产品。这些机器没有注明产地,也没有生产厂家,汽缸尺寸不准确,部件严重缺损,根本不符合质量要求。机器运转时效率极低,煤耗量惊人,还经常出故障,甚至酿成爆炸事件。这些机器虽然不是塞荷制造厂的产品,但外人都误以为是瓦特蒸汽机。有的伪劣机器,索性就是打着"瓦特蒸汽机"的招牌销售的。

这些伪劣产品严重地侵犯了博尔顿—瓦特公司的权益,败坏了瓦特蒸汽机的声誉。博尔顿和瓦特发现,这批商业骗子中竟然有两人曾在塞荷制造厂工作过:其中一人名叫洛亚,是个有经验的技师,做过瓦特的助理;另一人叫布尔,是个安装工程师。他们被金钱蒙蔽了眼睛,干出了违背职业道德的事。那个洛亚甚至四处鼓吹:"我发明了比瓦特蒸汽机更先进的机器!"

康沃尔矿区的老板们也乘机赖账,宣布不再支付瓦特蒸汽机的专利使用费。"既然蒸汽机的假冒产品现在到处都是,我们凭什么还要付专利使用费

呢！”这些矿主们联合起来，掀起了请求议会取消瓦特蒸汽机专利权的运动。

博尔顿和瓦特意识到问题的严重性，决定采取法律诉讼，坚决打击伪劣产品，维护自己的专利权益。这场官司打了很长时间。

瓦特义正词严地反驳道：

他们指控我们实行垄断，就算是垄断吧，但是恰恰是这个垄断才让他们的生产率得到空前提高……他们说，使用新机器需支付使用费让他们很难办，那我可以说，如果我把自己屁股口袋的纽扣扣好，对于那些想偷走我钱包的人来说，也是很难办的。毫无疑问，这也像有人想得到某位乡绅的一块土地，但却有继承法的束缚那样非常难办。更何况，该乡绅只是消极地继承了这块土地。而新式蒸汽机则是我自己创造发明的结晶，天晓得，为了它我曾遭受过多少身心上痛苦的折磨……

瓦 特

1796 年 12 月，上诉法院作出裁定，确认瓦特的专利权受到侵犯。被告不服提出上诉。

1799 年 1 月，伦敦高等法院作出终审判决，确定瓦特专利权的正当性。瓦特从伦敦写信向博尔顿报喜：“关于这次诉讼，我们是完全胜利了！这下我们总算可以放心了。”

喜讯传来，塞荷制造厂举行了盛大的庆祝大会。现场欢声雷动，鞭炮齐鸣。官司胜诉后不久，就收回了康沃尔矿主滞纳的专利使用费30000英镑。这笔巨款对博尔顿—瓦特公司的进一步发展大有好处。

在瓦特蒸汽机事业发展的过程中，还有一件事值得记载。这就是为了准确地度量蒸汽机的动力大小，瓦特经过测量确定了一种标准单位“马力”。

在蒸汽机发明之前，用来作为动力的除了水车或风车外，大多都是利用马匹的力量，因此，以马作动力的老板和技术工人，通常对马的力量知道得很清楚。1782年，在双向式蒸汽机取得专利之后，有个客户订购了一台蒸汽机准备用来驱动锯木机。

瓦特问他：“您需要多大功率的？”

那个客户应道：“我需要12马力，也就是12匹马围着踏车转动时所做的功。”

瓦特感到这个回答相当模糊。

“您说的一马力，能产生多少功呢？”他问客户。

“嘿嘿，我也说不准，反正就是一匹马的力气。”

所谓一马力究竟是多少？一马力到底能产生多少功？瓦特觉得这需要精确地计算出来，才能作为衡量动力的标准。于是，瓦特请这位老板提供锯木厂数据，诸如一匹马在一分钟行走的距离，以及马驱动锯木机所需要的力量等。

瓦特根据这些资料进行计算，最后算出：一匹马在一分钟内可以把3300磅（1磅相当于0.45千克）的重物提起一英尺（1英尺相当于0.3米），这就是英制一马力的定量标准。现代公制一马力标准为：每秒钟把75千克的物体提高一米所做的功。

瓦特由此确定了客户要求12马力的这台机器的功率。此后每一台瓦特蒸汽机都可以标明功率是多少马力，并相应地定价。直到现在，所有的蒸汽机还在用“马力”做标注，在英制度量衡里也仍在使用“马力”这个单位。

1784 年，瓦特因蒸汽机改进的重大贡献，当选为爱丁堡皇家学会会员。1785 年又当选为英国皇家学会会员。此后,瓦特改进的蒸汽机陆续在纺织行业投入使用,受到广泛欢迎。马克思曾评论说:瓦特的伟大天才表现在他所取得的专利的说明书中，他没有把自己的蒸汽机说成是一种用于特殊目的的发明,而是把它说成是大工业普遍应用的发动机。

1784 年,博尔顿和瓦特决定在伦敦亚尔比恩建一座面粉厂。博尔顿有意把它建成一座模范工厂,作为使用新式蒸汽机的样板。他们乐观地认为,用水车或马匹作为动力已经落伍,蒸汽机的时代到来了。

当时伦敦的面粉厂都采用水车或马匹作为动力。建厂消息传出后,伦敦的面粉商们强烈反对,群起而攻之。他们联合起来向伦敦市政府投诉,声称如果在伦敦建成这么大的面粉厂，就会把那些以水车或马匹作为动力的面粉商的生意全部抢走,造成工人大批失业,面包价格暴跌,进而导致社会混乱。

新的生产工具投入使用,总会遭到保守势力的阻挠。博尔顿利用自己的影响力和人脉关系,到市政府竭力斡旋,终于拿到了建立面粉厂的许可证。1784 年年底,面粉厂动工兴建。瓦特设计的大型蒸汽机也开始在塞荷制造厂制造。

两年后,亚尔比恩面粉厂落成。开业那天,成了伦敦轰动一时的大事。该厂装配了两台大型瓦特蒸汽机,每台功率 50 马力,机器汽缸直径达 218 厘米,横杆长 620 厘米。借用这两台蒸汽机的动力,能使直径 348 厘米的两座石臼每秒钟同时转动 12 次。亚尔比恩面粉厂的生产量,每小时可达 5 吨面粉。它当之无愧地成为当时最大的机械化工厂。

自投产之后,亚尔比恩面粉厂成了伦敦的名胜之一,每天前来观光的人络绎不绝,甚至还举行舞会,后来此处发展成为伦敦的名流淑女聚会之地。瓦特不习惯这样喧闹,向博尔顿抱怨道:“咱们这里是面粉厂,又不是社交场所!”博尔顿却很乐意见到这种热闹场面。他对瓦特笑道:“这对我们的新式蒸汽机,可是最好的宣传啊！”想想博尔顿的话，瓦特觉得也有道理。在随后的几年里，亚尔比恩面粉厂令瓦特蒸汽机名声大震，也让瓦特和博尔顿名利双收。

然而，意想不到的事却发生了。1791 年 3 月的一个傍晚，亚尔比恩面粉厂蹊跷地着火了，火势异常凶猛，工厂顿时变成一片火海。着火时间恰好在退潮之时，而且储水槽的活塞也被人拔掉了。由于来不及灭火，几个小时后，亚尔比恩面粉厂化为灰烬。

很多迹象表明，这是一场有预谋的纵火案，其罪魁祸首很有可能就是当初反对建厂的那些面粉商。博尔顿当即向伦敦警方报了案，并悬赏缉拿犯人。可是，最终也没有抓到纵火之人。

这场火灾使博尔顿和瓦特蒙受了巨大的损失，估计达 10000 英镑。这是新式蒸汽机战胜保守势力付出的沉重代价！

但是，博尔顿和瓦特并没有被击倒，他们很快就从这场打击中振作起来。虽然失去了伦敦面粉厂，但博尔顿的生意规模很大，塞荷制造厂陆续接到许多新式蒸汽机的订单，客户里有不少是法国、西班牙和意大利的企业主，甚至更遥远的美洲和西印度群岛的糖厂也来订制新式蒸汽机。

为了弥补面粉厂的损失，瓦特更加努力地投入工作。尽管被头痛的老毛病所困扰，他却从未放下蒸汽机的设计工作。

经过两年的加倍努力，局面终于被扭转。博尔顿—瓦特公司的经济状况大为改观。这一天，瓦特从博尔顿那里接到 4000 英镑的分红。

“瓦特先生，恭喜您！这是今年公司分给您的红利。”博尔顿说。

“同喜，同喜！”瓦特非常高兴。

这是瓦特第一次从研制开发蒸汽机事业中获得的丰厚报酬。这时，他已经 57 岁了。科学发明是一项伟大事业，它需要许多人前仆后继作出奉献和牺牲。从 30 岁投身发明蒸汽机算起，经历了 27 年艰苦卓绝的奋斗，如今他终于得到

了回报。

瓦特和博尔顿终于克服重重险阻，披荆斩棘，将蒸汽机产业推向了一个新高潮。

轮船与火车

lunchuanyuhuoche

瓦特的实用型新式蒸汽机应用越来越广泛，很快从矿山、工厂走向交通运输领域。

在瓦特蒸汽机的带动之下，自学成才的工程师富尔顿，造出了世界上第一艘蒸汽机轮船，为世界航海事业作出重大贡献；矿工出身的斯蒂芬孙，发明了火车，开辟了全球的铁路运输事业。轮船和火车的发明，大大缩短了地球上的距离，加快了时代前进的步伐，使人类的生活和世界文明完全改观。

瓦特发明的蒸汽机在交通工具上的应用，首先是从蒸汽机船开始的。

1801 年，一位名叫威廉·赛明顿的苏格兰工程师，试着将瓦特的蒸汽机用到了船上。赛明顿将一台经过改进的蒸汽发动机装在一艘拖船上，用来带动安装在船侧的两个明轮，推动船只前进。这种明轮因为可以看见而得名，形状类似水车轮，又称叶轮。

1802 年 3 月，赛明顿将他设计建造的第一艘实用蒸汽机船进行了试航。这艘船被命名为“夏洛特·邓达斯号”，船身长 17 米，宽 5 米，装有 10 马力的瓦特小型蒸汽发动机。它牵引着两艘载重共 70 吨的驳船，在福斯—克莱德运河上航行了 6 小时，行程 31 千米，试航取得了圆满成功。遗憾的是，当地的河运管理当局拒绝批准使用这种新式的蒸汽机船，据说是担心明轮的涡流会损坏运河的岸堤。这些官僚宁愿继续用马匹来牵引拖船，当时火车尚未问世，还没有铁道部门这家竞争对手，所以他们感觉不到采用新技术的迫切性。赛明顿的发明虽然未能得到推广，但它却作为第一艘实用的蒸汽机船而被载入史册。

富尔顿

与此同时，美国发明家罗伯特·富尔顿也在研究如何把蒸汽机应用到船舶上。富尔顿1765年生于美国宾夕法尼亚州的兰卡斯特，父亲是一个贫苦农民。富尔顿幼年丧父，9岁时才上学，在校学习时间不长，但他心灵手巧，喜欢动脑筋，爱好美术和手工。14岁时进了一家首饰作坊当学徒，17岁到费城学绘画，并在一家机器制造工厂里承担机械制图工作。1785年，20岁的富尔顿前往英国伦敦学习绘画。次年，正好赶上瓦特50岁生日，瓦特请他去画一幅肖像画。由于这个缘分，富尔顿结识了蒸汽机发明家瓦特和其他几位机械发明家，使他了解了蒸汽机的原理和作用，并对机械技术产生了兴趣。富尔顿受瓦特的启发，改变了自己的初衷，不想当画家了，决心当一名工程师。

此后，富尔顿致力运河工程的研究，并于1796年出版了《论运河航行的改进》一书，积极主张用蒸汽机取代马匹作为牵引船只的动力。但他的主张没有得到英国当局的认可。当时的河运业处于严密的垄断状态，那些河运经营者墨守成规，害怕任何重大的技术改进会影响他们的货运安全。富尔顿意识到，继续待在英国找不到发展的机会。

1796年富尔顿来到法国巴黎，希望得到拿破仑的支持，但最后也碰了壁。

富尔顿并不灰心，他先后用了7年时间，从模型实验开始到设计制造，最后与资助他的美国公使利文斯顿合伙建了一艘21米长的蒸汽机船。1803年在塞纳河上进行了试航表演，获得成功。不幸的是，试航当晚蒸汽机船为暴风雨所毁。富尔顿并不气馁，于1806年回到纽约，带着自己的设计图纸，招收了一些工人，在东河附近开始了自己的事业。他把全部精力都集中到发展实用的蒸汽机船上来。后来他得到了瓦特的支持，获得新的更大功率的船用蒸汽机。1807年，富尔顿造出一艘新的蒸汽机船，命名为“克莱蒙特号”。这艘后来名垂青史的蒸汽机船，长达42米，宽9米，排水量400吨，用单缸凝汽式蒸汽机驱动两个直径4.5米的明轮。

1807年8月17日，“克莱蒙特号”在纽约州的哈得孙河上进行了历史性的航行。这天早晨，河岸上挤满了好奇的观众。“克莱蒙特号”把一艘艘帆船抛在后头，河岸上的观众中响起了一片欢呼声。从纽约到奥尔巴尼城的240千米航程，“克莱蒙持号”只用了32小时，而用帆船则需要四天四夜的时间。

“克莱蒙特号”蒸汽机船

这次试航的成功，在美国引起了很大的轰动。富尔顿立即在纽约和奥尔巴尼之间开设了每两周往返3次的班船，从而开辟了蒸汽机船商业应用的新时代。“克莱蒙特号”试航的成功，宣布了船舶发展史进入了一个新时代——蒸汽轮船时代取代了帆船时代，机器代替了人力和风力。这种用蒸汽机推进的明轮船，后来又在密西西比河及其主要支流上，开辟了一些定期往返的新航线。蒸汽机船在使用中不断得到改进，船体越来越大，速度也越来越快，最后又把明轮换成螺旋桨，从内河航行走向漂洋过海，成为连接五洲四海的主要交通工具。

航行在密西西比河上的“德尔塔皇后号”蒸汽轮船

蒸汽机船在水上航行的成功，激发了人们把它用到陆上交通的兴趣，从而导致了火车的问世。

早在 1769 年，法国军事工程师尼古拉斯—约瑟夫·居纽就制造出世界上第一辆蒸汽机车。他在车上装上自己设计的双活塞蒸汽机，用来牵引作战用的火炮。尽管这辆机车设计粗糙，技术也不过关，但却证明了用蒸汽机可以牵引车辆。

1804 年，英国工程师特里维西克设计制造出世界上第一辆在轨道上行驶的蒸汽机车。1804 年 2 月 21 日，在南威尔士的一段马车轨道上，这辆机车拉着 10 吨铁和 70 个乘客，成功地行驶了 14 千米。特里维西克的父亲老特里维西克是康沃尔的矿业主，是瓦特的老对手。此后，特里维西克又相继制造了两辆同类型的机车。1808 年，特里维西克在伦敦向公众展示了他最新设计的

漫画家笔下想象的“以蒸汽代步”

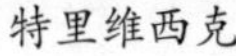

特里维西克

“谁能追上我号”蒸汽机车宣传单

蒸汽机车。他给这辆蒸汽机车命名为“谁能追上我号”,足见其雄心壮志。这辆蒸汽机车在伦敦的一条圆形轨道上像马戏团那样进行卖票表演,引起轰动。可惜因为缺乏商业运作头脑,特里维西克得不到资金支持,他的发明后来夭折,没能推向市场。

不过,特里维西克成功地使用高压蒸汽,减小了蒸汽机的体积和重量,对蒸汽机的发展作出了重大贡献。后人公认他是蒸汽机车的先驱者。

特里维西克是个悲剧性的人物。他后来穷困潦倒,1833 年凄凉地死去。“火车之父”的桂冠落在了乔治·斯蒂芬孙的头上。

乔治·斯蒂芬孙 1781 年生于英格兰北部纽卡斯尔市,父亲是个煤矿工人,母亲是家庭妇女。全家人靠父亲一人挣钱养活,生活很贫苦。斯蒂芬孙没有进过学校接受过教育,14 岁跟随父亲在煤矿上干活,直到 18 岁还是一个文盲。19 岁时他才通过夜校学习,掌握了一定的文化知识。当时,煤矿里已经广泛使用瓦特改良的蒸汽机。起初,斯蒂芬孙在矿上担任蒸汽机司炉的助手,负责擦拭机器，给锅炉加煤。他喜欢钻研，对机械操作和修理很有兴趣，很快就掌握了蒸汽机的结构和性能。不到30岁，他便成为一名优秀的机械师。

斯蒂芬孙

1812年，斯蒂芬孙被煤矿集团老板任命为煤矿动力机械师，负责管理和维修整个煤矿的蒸汽机，年薪100英镑。

当时，英国的煤矿都用马车运煤。由于英法战争的影响，英国的马匹缺乏，马和饲料的价格都成倍增长。为了降低马车运煤的高昂成本，一些煤矿主寄希望于能代替马匹的火车头。在集团老板托马斯·利德尔爵士的鼓励下，斯蒂芬孙投入了蒸汽机车的研究。

斯蒂芬孙起步虽晚，但起点很高。他认真研究了特里维西克10年前制造的那种火车头，发现其主要缺点是使用木轨道，经不住机车行进的重压，容易造成出轨等事故。斯蒂芬孙对特里维西克的蒸汽机进行了改进，于1814年造出了第一辆蒸汽机车——火车头。

这辆蒸汽机车有两个汽缸，一个2.4米长的锅炉，采用凸缘式车轮，斯蒂芬孙把它命名为“布鲁海尔号”。1814年7月25日，这辆蒸汽机车进行了首次试行，吸引了不少人前来观看。“布鲁海尔号”拉着载重共30吨煤的8节矿车，在基林沃恩煤矿的一条马拉轨道上奔驰，试车取得了成功。

接着，斯蒂芬孙又制造了两辆经过改进的蒸汽机车（火车头），分别命名为“威灵顿号”和“主宰号”。新蒸汽机车的重量虽然已大大减轻，但仍然经常压裂木轨道。于是，斯蒂芬孙开始把研究的重点转到制造一种坚硬度适宜的铸铁轨

史蒂芬孙制造的“旅行1号”火车头

道上来。他在纽卡斯尔市的一家铁工厂老板威廉·洛什的帮助下，终于研制成功一种铸铁轨道，并同洛什一起申请了专利权。由木轨改为铁轨，解决了火车发明成功的一个关键问题。

斯蒂芬孙还不断地改进蒸汽机车(火车头),加上他和洛什共同研制的铁轨,使得斯蒂芬孙制造的火车在使用上大大前进了一步。在此后的五六年里,他先后制造了16辆蒸汽机车,质量越来越好,他和洛什的铸铁轨道也被别的矿区采用。

1821年,斯蒂芬孙受富商爱德华·皮斯的委托,开始修建斯托克顿至达灵顿的铁路。1825年,这条全长32千米的铁路终于建成,并于9月27日举行了隆重的通车仪式。斯蒂芬孙亲自驾驶着他制造的火车头“旅行1号”,拉着33节车厢和450多名乘客，以每小时13千米的速度从达灵顿驶到斯托克顿,然后,又从斯托克顿拉着煤炭和乘客,返回达灵顿。这是铁路运输史上一件划时代的大事，世界上第一条公用铁路就这样宣告诞生了!

“旅行1号”的试车盛况(绘画)

接着，斯蒂芬孙又负责修建利物浦至曼彻斯特的铁路。这条全长64千米的铁路，把英格兰中部的两座重要城市连接起来。1830年9月15日,在利物浦举行了隆重的通车典礼，首相威灵顿公爵亲自出席，几万名观众参加了这一盛典。这次试行的是斯蒂芬孙制造的新型机车“火箭号”，时速已提高到每小时 58 千米。

铁路运输的优越性，很快便被公众广泛接受。铁路建设在欧洲和北美迅速展开，从此开创了铁路运输的新时代。

斯蒂芬孙在铁路建设初期的巨大贡献，使他被赞誉为“铁路之父”。

工业革命

gongyegeming

自 18 世纪晚期起，瓦特蒸汽机不仅在采矿业中得到广泛应用，在纺织、冶炼等行业中也获得迅速推广。在瓦特取得蒸汽机专利的前一年，即 1768 年，英国纺织工哈格里夫斯发明的“珍妮纺纱机”取得了专利。珍妮机比旧式纺车的纺纱工效提高了 8 倍，但仍然要用人力。1785 年，卡特赖特发明了水力织布机，使织布工效提高了 40 倍。由于纺纱机、织布机都是靠水力驱动，工厂必须建造在河边，而且受河流水量的季节影响，造成生产不稳定，这就促使人们研制新的动力驱动机械。1785 年，瓦特的改良蒸汽机开始用作纺织机械的动力，并很快推广开来。1800 年，至瓦特的蒸汽机专利到

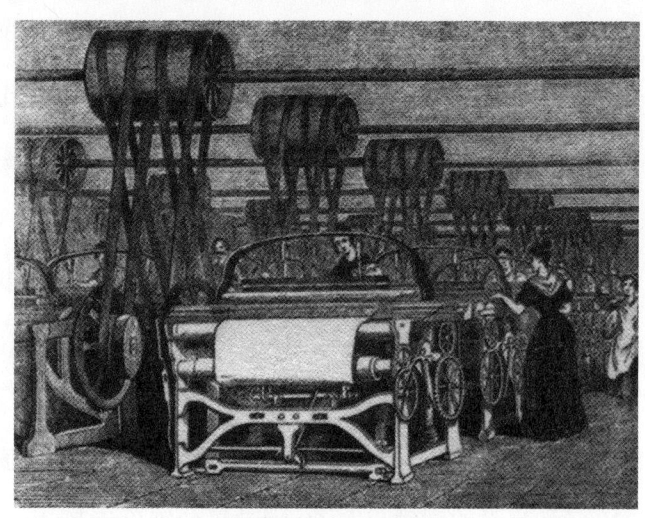

用蒸汽机带动的纺织机

期时，英国已有84家棉纺厂在使用瓦特蒸汽机，一些毛纺厂也开始使用。到1830年，英国整个棉纺工业已基本完成了从工场手工业到以蒸汽机为动力的机器大工业的转变。英国的纺织品产量在20多年内（1766年—1789年）增长了5倍，为市场提供了大量消费商品，加速了资金的积累，并对运输业提出了迫切要求。

到19世纪30年代，瓦特蒸汽机已广泛应用到纺织、冶金、采煤、机器制造、交通等领域，很快引起了一场技术革命。瓦特的第一台实用蒸汽机，最早是威尔金森机械制造厂的订货，用在该厂的高炉上做鼓风机。由于采用蒸汽动力鼓风，降低了炼铁的燃料消耗，缩短了冶炼时间，蒸汽机很快就在冶金行业推广开来。1856年，英国工程师贝斯麦就发明了转炉炼钢法，可大量冶炼廉价钢；不到10年，法国人马丁又发明了平炉炼钢法，促进了钢铁的大规模生产。由于采用了新的炼钢技术，仅在1865年至1870年的五年间，世界的钢产量就增加了70%。而这些新技术的应用，都离不开蒸汽机的动力。可以说，瓦特蒸汽机推动了世界钢铁工业的发展。

除了冶金业，蒸汽动力也大大促进了采煤业的发展。瓦特蒸汽机在早期的征战中逐一淘汰纽科门泵，占领矿山市场，成为英国矿区的一道独特的风景线。最初的瓦特蒸汽机是用于抽取深井里的积水，以保障工人能在更深的地方采矿。后来，蒸汽机在矿区的用途进一步拓展，出现了蒸汽动力凿井机、蒸汽动力拽运机，用来代替畜力凿井和人力背运，大大提高了生产效率。根据统计资料，仅以煤矿来说，1835年英国的煤产量迅速增长为3000万吨，成为欧洲第一产煤大国。

作为新兴工业的两大支柱——钢铁和煤炭业的发展，促使机器制造工业也得以迅猛发展。早在1784年，瓦特就试制成功蒸汽锤，这种大型锻锤重2200磅（当时的锻锤只有60磅），每分钟可击打300次。1842年，英国工程师内史密斯创制出更大的重型蒸汽锤,可以锻制火车、轮船等需要的大型锻件，开始了蒸汽动力锻压机械的时代。与此同时，各种锻压设备和大型磨床、钻床、刨床等金属加工设备也应运而生，从而推动了机器制造业的迅猛发展。到 19 世纪 40 年代，英国的主要产业均已采用机器生产,完成了工业近代化,成为世界上第一个工业化的资本主义国家,被称为“世界工厂”。到 1870 年，英国在世界工业总产值中所占的比例为 32%,“三分天下有其一”。为了寻求海外市场,英国的殖民地已经扩展到世界各地,1899 年,英国占有的海外殖民地面积共达 2410 万平方千米,号称“日不

1842 年内史密斯发明的重型蒸汽锤

1851 年英国伦敦世界博览会

1851年伦敦世博会上展出的英国大型机械设备(世博会宣传册插图)

落帝国”。

1851年5月1日至10月11日,在伦敦海德公园举办了第一届世界博览会(又称“万国工业博览会”),博览会的主题为“世界文化与工业科技”。英国借此博览会展现了工业革命后当时英国技冠群雄、傲视全球的辉煌成果。这次博览会中,前来参观者超过620万人次,有1300件展品展出。世博会的“动力房”装有8个锅炉,共800马力,通过直径22厘米的地下管道将高压蒸汽送到机械展览区。闻名遐迩的内史密斯公司展出了最新式的蒸汽锤和水压机。林林总总的蒸汽机车、起重机、纺织机、印刷机、脱粒机、车床、圆锯等在蒸汽机的驱动下现场演示,各展风姿。正如媒体报道所说:“齿轮的铿锵和皮带的节奏正是工业时代的旋律。”

瓦特蒸汽机还带来了交通运输的变革。如前面谈到的,美国人富尔顿发明了用瓦特蒸汽机做动力的轮船,英国人斯蒂芬孙发明了用瓦特蒸汽机做动力的火车,开辟了交通运输的新时代。1830年利物浦—曼彻斯特铁路通车之后,在欧洲各国和美国兴起了修建铁路的热潮,火车日益风行起来。到1850年,铁路线就像蜘蛛网一样布满了整个英国。从1840年到1890年的50年间,美国就生产了25000辆美式蒸汽机车,铁路运输成为美国交通运输的主力。

就这样，从工场手工业过渡到机器大工业的工业革命，是先从英国的纺织业开始的。继而，工业革命的先进技术又被美、法、德、俄等欧美列强广泛吸收和采用，大大提高了劳动生产力，又促进了商业和运输业的发展，从而加速了城市化的进程，极大地改变了人类的生活。所有这些改变，标志着瓦特的蒸汽机成为真正的国际性发明，推动世界工业进入了"蒸汽时代"。

恩格斯曾高度评价蒸汽机的伟大作用："蒸汽机是一个真正的国际发明，而这个事实又证实了一个巨大的历史性进步。""分工、水力特别是蒸汽力的利用、机器的应用，这是从 18 世纪中叶起，工业用来摇撼旧世界基础的三个伟大的杠杆。"

工业革命对世界产生了深远的影响，它创造了巨大的生产力，促进经济迅速发展，并改变了世界的面貌。在工业革命的洪流中，科学技术的进步起了推波助澜的作用。可以说，正是瓦特的技术成就很快转化成为巨大的生产力，从而对人类社会和整个经济的发展起到了不可估量的推动作用。瓦特在世人心目中的崇高声望，是当之无愧的！

KEXUE JUREN DE GUSHI

烈士暮年

学术明灯“月亮社”

xueshumingdengyueliangshe

瓦特在伯明翰生活期间，参加了著名的学术团体“月亮社”（又称“月亮协会”），获得很多教益和收获。这个组织与皇家学会那种官方机构不同，属于民间社团，学术空气自由，非常活跃。参加者多为学者、教授、科学发明家、工程师，还有作家、艺术家、诗人等，都是伯明翰市的学术精英。协会之所以取名“月亮社”，是因为成员们在每个月满月的那天聚会，以便晚上散会后能看得见回家的路。聚会由每位成员轮流做东招待大家。博尔顿经常举行这种招待会，瓦特也是积极分子。

1886 年的伯明翰

定期参加“月亮社”活动的成员，还有爱拉士姆·达尔文（就是那个名垂青史的进化论奠基人达尔文的爷爷）、陶艺专家乔赛亚·韦奇伍德、印刷家巴斯克维尔，以及发明家塞缪尔·高尔顿、詹姆斯·基尔等。每个成员在参加活动时还可以带一名客人，在经常出现的客人中，有不少名声显赫的爵士。那位爱拉士姆·达尔文是当地的名医、医学博士，不过他写诗的名气不在行医之下，而且还是个客串的机械师。顺便提一下，那位陶艺专家乔赛亚·韦奇伍德，就是达尔文的外公，他开办有陶瓷厂，生产的陶艺产品是英国皇室的首选，还远销欧洲各地。

爱拉士姆·达尔文是博尔顿和瓦特的朋友，对瓦特的蒸汽机推崇备至。有一次，他因为医务缠身不能与会，特地给博尔顿写了一封道歉信。从这封信中，足见“月亮社”聚会的精彩和强烈的吸引力。爱拉士姆·达尔文写道：

很抱歉，由于死神带着疾病光顾人间，并同医生们展开了一场生死争夺大战，我今天不能到塞荷去同您的那些贵宾相见了。天哪！有多少发明创造的奇想，有多少智慧，有多少妙言锦句，何等深奥而又灿烂辉煌！它们都将在您那批知识渊博、才华横溢的宾客之间，好像打羽毛球一般，你来我往，令人目不暇接。而可怜的我则必须赶去与死神搏斗，不得不把自己关在一辆晃荡拥挤的邮递马车里，在皇家公路上被撞得青一块紫一块，同胃疼和发烧进行搏斗……

又有一次，当轮到瓦特做东招待这批成员时，他给爱拉士姆·达尔文发出了邀请信：

我提醒先生，您曾允诺在下星期一来我家同各方学者共同进餐……由于您的鼓励，要对一本新书提出严厉的批评，并将对“热”到底是不是燃素和空气的化合物，以及究竟火发出的热能不能由镜子反射出来的问题做出结论。

我特此向您提出一个友好的预告，您会发现无论您发表什么意见都将深受欢迎……

瓦特写这封信的时间是1781年元月初，这时“月亮社”刚吸收了一名杰出的新成员——48岁的普利斯特里博士。普利斯特里是英国著名的化学家、氧气的发现者，又是一名神学家，一年前刚在伯明翰被任命为长老会新会的教长。普利斯特里学识渊博，通晓拉丁语、法语、德语、意大利语等多种语言，对学术研究执着，自诩在追求真理上是个“痴迷的猎狐者”。他善于鼓吹，说话富于感染力，经常即席给大家表演化学小品。在他的感召下，“月亮社”的许多成员都热衷于化学。连忙得不可开交的博尔顿和瓦特，也开始做起化学实验来。

有一天，普利斯特里拿了个封闭的玻璃瓶在朋友们面前晃了几下，然后，他接通玻璃瓶内的电流，伴着噼噼啪啪的声响，瓶内爆出一串电火花，不一会儿又熄灭了……原来，这位长着大鼻子的“猎狐者”在瓶子里提前装满了无色的“可燃空气”(氢气)和空气，它们混合后被火花引爆，于是发出巨响。

起初，普利斯特里并没有发现变完魔术后，瓶子里还有一位神秘的“客人”。眼尖的瓦特却发现了，玻璃瓶的壁上有好些小水珠！

“普利斯特里先生，这些是水珠吗？”瓦特好奇地问。

普利斯特里把玻璃瓶举到眼前端详了一下，回答说：“你好眼力，有点像是水珠。”

“瓶子里装的是什么呢？”

“空气和氢气的混合物。”

“哦，我明白了。”

普利斯特里

瓦特茅塞顿开，他由此断定水是由氢和氧两种气体化合而成的。1783 年初，瓦特向英国皇家学会提交了一篇论文，题目为《论水的成分与氧的关系》。在论文中，瓦特非常明确地肯定“普利斯特里演示中的光、热、水均系氢和氧急剧化合而作用的产物，玻璃瓶壁上出现的水珠，其实就是由氢和氧化合而成的水”。

遗憾的是，瓦特的这篇论文直到 1784 年 4 月才得以宣读。这时，另有一位研究者、剑桥的物理学家卡文迪许已提前公布了相同的发现。卡文迪许是个性格怪僻、腰缠万贯的电学家，在静电学上很有研究，曾发现氢气，第一个计算出地球的质量。他的名气很大，被人称作是“有学问的人当中最富有的，也是富人当中最有学问的”。于是，“发明水成分”的桂冠就落在了卡文迪许的头上。

这在瓦特和卡文迪许双方的支持者之间，引起了一场激烈的辩论。不过，当事人双方都很豁达，并不介意。瓦特说：“谁第一个发现水的成分并不重要，重要的是已经发现了。”

虽然“月亮社”是个科学社团，但其中许多成员都是当时变革精神的代表人物。他们思想激进，反对传统的宗教和世俗的等级制度，憧憬人类会因为科学上的种种发现而解放。1789 年 7 月 14 日，法国大革命爆发，“月亮社”的成员们曾为攻克巴士底狱而欢呼，认为这是自由与理性的胜利，是“君王统治权和教士统治权”的末日。特别是“痴迷的猎狐者”普利斯特里，更是公开宣称支持雅各宾派。博尔顿和瓦特却对此保持谨慎的态度。1791 年 7 月 14 日，伯明翰的激进派在旅馆举行法国革命两周年纪念会。现场爆发了暴徒的骚乱，矛头直指“月亮社”成员和追随者。暴徒们高呼着“教会万岁！国王万岁！”的口号，围住旅馆，进行打砸抢。抢劫和焚烧持续了整整三天。普利斯特里在仓皇中逃出伯明翰，他的寓所被一把火烧光。塞荷制造厂戒备森严，由用滑膛枪武装起来的忠实雇员昼夜守卫着，所幸没有造成重大损失。

“月亮社”在这场浩劫后仍继续存在了几年，但已是强弩之末。普利斯特里后来移居美洲，爱拉士姆·达尔文和乔赛亚·韦奇伍德则在 19 世纪末先后去世，幸存者也都上了年纪，但他们对当年的回忆和传统却难以忘怀。

“月亮社”点燃的学术明灯，永远照亮着他们的心灵。

☆ 财富与荣誉

caifuyurongyu

经过大半生的奋斗和拼搏，瓦特功成名就，迎来了人生的辉煌。瓦特的晚年，是在财富和荣誉的光环里度过的。在博尔顿的成功经营下，博尔顿—瓦特公司的业务发展很快，瓦特和博尔顿都赚了不少钱。

在英国，能像瓦特这样在经济上获得丰厚报酬，并在有生之年看到自己的成就得到广泛承认和赞誉的发明家并不多。瓦特因改良蒸汽机的重大贡献，获得了许多荣誉。1784 年，瓦特当选为爱丁堡皇家学会会员，翌年又被选为英国皇家学会会员。1806 年格拉斯哥大学授予他法学博士荣誉学位，这对瓦特具有特殊的意义，他非常愉快地接受了。因为瓦特对蒸汽机的关注和研究，就是从格拉斯哥大学的店铺开始的。可以说，格拉斯哥大学是瓦特走上科学发明之路的摇篮。

但是，由首相提议封他为男爵勋位，瓦特却谢绝了。他不像牛顿那样对受封爵位感到无比荣耀，而是谦逊地保留着一颗平民的心。

1814 年，瓦特得到一项最大的荣誉，就是被法国科学院接纳为 8 名外籍会员之一。瓦特这时已是誉满全球的大发明家。

瓦特的发明给伯明翰带来了迅速发展，工厂一个个兴建起来，经济繁荣，人口增加，高楼林立。瓦特在郊区的家，此时也陷入建筑物的包围之中。瓦特不喜欢这种喧闹，希望寻求一处更宽敞、更清静的住宅。 1790 年，瓦特在伯明翰附近的希斯菲尔德购买了 242 亩荒地，在那里修建了一所新居，由他的朋友建筑家塞缪尔·怀亚特设计。这是一座宁静的庄园，一片田园风光。瓦特在荒地

瓦特在希斯菲尔德的故居

里种植树林，盖起了门房和温室，还有一个带围墙的菜园。

瓦特去世前一直住在希斯菲尔德庄园。这里成为他安享晚年的居所，他在这里生活、工作和接待朋友。

虽然瓦特和博尔顿的合伙关系到1800年才结束，但瓦特搬到希斯菲尔德居住后，对公司的日常事务就很少插手了。1794年10月，瓦特和博尔顿的公司更名为“瓦特—博尔顿公司父子公司”，由瓦特的大儿子小詹姆斯·瓦特和博尔顿的儿子马修·罗宾逊·博尔顿接手管理。瓦特逐渐隐退，到1800年正式退休。这年他64岁。他很乐意告别繁忙的商业领域，退回到自己的发明小天地里，从创造中寻找乐趣，并得到满足。

小詹姆斯·瓦特15岁时，在威尔金森的铁工厂学习了一年，此后去日内瓦的一所学校继续深造。他于1788年回到英国，在博尔顿的建议下，被送到曼彻斯特的一家企业学习了为期两年的商业管理。小詹姆斯·瓦特聪明能干，是个商业管理人才，不过他的思想激进，热衷于政治运动，狂热地崇拜腥风血雨的法国大革命。1792年，他曾代表曼彻斯特的宪章学会到巴黎，对雅各宾俱乐部表示祝贺。他同雅各宾派的领导人交往甚密，尤其与丹东颇有交情，因此招来雅各宾派另一个领导罗伯斯庇尔的忌恨，并在议会里攻击他是英国派来的奸细。小詹姆斯·瓦特身处险境，这才从政治噩梦中惊醒，仓惶之中逃出巴黎，先跑到意大利,后又流落到德国。小詹姆斯的冒险经历让瓦特非常担忧。

直到 1794 年,小詹姆斯·瓦特才辗转回到英国,到伯明翰向爸爸报到。瓦特终于放心了,让他全权负责拷贝印压机的产销业务。小詹姆斯·瓦特踏实肯干,充分表现出商务方面的才能,很快便继承父业,作为合伙人同罗宾逊·博尔顿合作,经营当时正处于鼎盛时期的新式蒸汽机制造业务。小詹姆斯·瓦特负责生产,罗宾逊·博尔顿负责营销。

后来,瓦特与安娜所生的小儿子格雷戈里·瓦特也加入到管理团队。格雷戈里比同父异母的哥哥詹姆斯小 9 岁,聪颖过人,非常优秀,和汉弗莱·戴维(后成为英国大化学家)是好朋友。

为了弥补年轻一代的经验不足,保障公司顺利过渡,博尔顿把忠心耿耿的默多克从康沃尔矿区调回来协助管理,同时吸收默多克为合伙人,确保了公司的持续良性运作。默多克负责公司的日常技术指导工作,并且在 1795 年至 1796 年为引擎车间进行的大规模扩建工程中起了领导作用。到 1824 年就生产了 1165 台瓦特蒸汽机。

1800 年瓦特退休时,博尔顿已是 72 岁高龄。性格外向的博尔顿与瓦特不同,他是久经沙场的商界宿将,也是残酷商战的幸存者,商业就是他生命中的呼吸。博尔顿虽然把塞荷制造厂交给了下一代去经营,却并不想退休养老。他在塞荷新建了一个铸币厂,购买了许多大型设备,热衷于为世界各国铸造钱币。也许他是受牛顿晚年当铸币局局长业绩的影响,对此非常投入,不仅把铸币当作赚钱的生意,更把它当作艺术品。他在设计制作上追求完美,精益求精。每当看见用自创的铸造工艺铸出来的金币、银币和铜币闪着美丽的光芒时,博尔顿就感到无比的喜悦。

有朋友来访时,博尔顿很喜欢从橱窗里取出钱币样品炫耀:“怎么样?比牛顿爵士铸的钱币精致吧!”

“嗯，牛顿爵士铸的钱币，哪能比得上您的大作哟！”朋友恭维他。

“嘿嘿，牛顿可是铸币局局长啊！”博尔顿非常得意，就像一个受老师夸奖的大孩子。

博尔顿比瓦特大8岁，身体状况也不好，但童心未泯。这匹驾辕的老马从不喘息，一直拉到寿终之日。

瓦特退休后，与夫人安娜到欧洲大陆去旅行。他们游览了比利时的布鲁塞尔、德国的法兰克福，还有法国的巴黎，然后再回到英国，旅途非常愉快。

无论在什么地方，瓦特都受到礼遇和热烈欢迎。他已是举世闻名的大发明家，在任何场合，都是一位引人注目的人物。但瓦特始终保持着平和的心态，待人谦虚和蔼，毫无大人物的傲慢和装腔作势。人们看到的是一位身材高瘦、面目慈祥的老人，一团白发从前额向后梳着，浓眉下的灰色双眼闪烁着智慧的光芒。他说话声音浑厚，带有浓重的苏格兰口音。

在1805年冬天瓦特回苏格兰时，曾到爱丁堡“星期五俱乐部”去做客。这个俱乐部与当年的“月亮社”相仿，也是个民间学术组织。瓦特的莅临令俱乐部蓬荜生辉，满座的宾客都以和他交谈为荣。来客中有一位沃尔特·斯科特爵士，后来回忆了当晚见到瓦特的情景。斯科特爵士写道：

大约有十多位北方的贵宾聚在一起……这些人中有瓦特先生，他不仅是一位造诣很深的科学家、一位将动力学与数字计算最成功地结合在一起的学者、一位最有远见卓识之士，而且也是一位最和蔼可亲的伟人。我想这样的幸会以后不会再有了。他发明的蒸汽机开启了一个时代，使我们国民的财富获得极大的增长。它把巨神之力赋予人类纤弱的臂膀，从而把深渊中的宝藏搬到地面上；它使船只不靠风力就能远航，从而把宙斯的命令和威胁撇在一旁。这是一位驾驭自然力的强者，这是一位缩短了时空的能人，这是一位以他那神秘莫测的机器给世界带来变化的魔术师。他的机器对世界异乎寻常的影响，人们现在才开始觉察到。

阁楼里的发明家

geloulidefamingjia

瓦特的晚年生活宁静而幸福，他在寓所的阁楼工作室里度过了许多快乐的时光。

在希斯菲尔德寓所厨房侧厅的顶层，有一个低屋顶的阁楼，由一道窄楼梯通上去。这间阁楼只有一扇长形窗，光线昏暗，窗外是一片灌木林。瓦特把它改装成一个工作室，里面摆着脚踏车床和工作台，旁边放着写字台，周围的墙边摆放着一排架子，上面摆满了瓶瓶罐罐，琳琅满目，收藏着他毕生进行实验和科学探索用的各类器具，诸如制作仪器的标尺、两脚规、圆弧镜、铸勺、熔罐、烙铁、吹管、蒸馏釜和化学仪器，以及收藏的化石、矿石和其他用匣子或罐子装的标本等。甚至连他当年在格拉斯哥制凹槽用的那些特殊工具，也保存在一个抽屉里。木架上挂着一件皮围裙，也是他 40 多年前在

瓦特的阁楼工作室

格拉斯哥大学开店铺时穿的。实际上，在这个小阁楼里收藏了瓦特一生中最珍贵的纪念物。在阁楼上还备了一个煤火炉，供做实验用。不过，这个火炉不大，天冷时不能用来取暖。

也许有人会感到奇怪，大发明家瓦特很有钱，为什么不在寓所里找一间比阁楼更宽敞、更亮堂的地方做工作室呢?答案很简单，他怕安娜过分干扰。前面曾提到，瓦特的这位妻子虽然勤勤恳恳，但却是一个强势女人，家里一切都由她说了算，包括她的丈夫在内。这位管家婆特别爱干净，房间里收拾得一尘不染，空气中总是飘着香水的味道。她自然不能容忍工作间里那种铁工气味，也看不惯那种像垃圾一样凌乱不堪的摆设。她甚至反对瓦特吸鼻烟，这种习俗在当时是很普遍的。

所以，瓦特选择这个不显眼的阁楼，就能摆脱这个女人的统治了。阁楼工作室成了他的小天地和独立王国。瓦特还在工作室里准备了一个平锅和一个荷兰烤箱，以方便自己做饭，从而可以免去到餐厅吃饭必须遵守的苛刻规矩：将自己收拾得干干净净——这条规矩也是安娜夫人定的。好在瓦特是个好脾气，从来不和安娜翻脸或争吵，因此保持了家庭的和睦和安宁。

在阁楼工作室里，瓦特继续他的发明研究，作了许多有趣的实验。他早已退出商战江湖，这时的研究纯属兴趣，没有任何商业目的，因此也不存在令人讨厌的发明专利权争执。1807 年，瓦特研制成功一种雕刻复制机。他制作了两台这种新颖的机器，其中一台可以复制同原雕塑一样大的像，另一台则可把半身雕像任意缩小。瓦特曾用这两台机器复制过用大理石、象牙、红木和石膏制作的半身雕塑、圆形浮雕以及其他小雕塑。他还从一位雕塑家朋友钱特利那里借来亚里士多德、苏格拉底等人的石膏像，进行复制实验，虽然没有全部完成，但有一件作品却是非常成功，至今还保存在瓦特纪念馆里。1778 年瓦特 42 岁时曾发明了复印机，并于两年后取得专利。用这种机器可以复印信笺和文件，很受业界欢迎。如今他躲在阁楼里发明的雕像复制机，技术上比复印机更先进。因为雕像是立体的，颇像现在的 3D 打印。

希斯菲尔德庄园的岁月，是瓦特漫长一生中最幸福的时光。然而，在这期间瓦特却遭受了丧女、丧子之痛。他和安娜的女儿珍妮特于 1794 年不幸死于肺结核，年仅 15 岁。

晚年的瓦特

此后不久，次子格雷戈里也染上了可怕的肺结核。瓦特夫妇曾带格雷戈里到康沃尔南海岸等地疗养，指望那里温和的气候会使他康复，但最终还是没能挽救他的生命。肺结核在当时是不治之症，电话发明家贝尔的母亲和两个哥哥，都死于肺结核。1804 年 10 月，格雷戈里在埃克塞特去世，年仅 25 岁。格雷戈里曾在汉弗莱·戴维家里做客，两人结成亲密的朋友。他非常欣赏戴维在科学方面的才能，正是在他的鼓励下戴维才走上了成名之路。戴维接到格雷戈里的死讯，非常悲恸。他在悼词中写道："他是一位品质高尚的人，还将会是一位伟人。他的死是毫无道理的——因为他不该死啊！"

瓦特在"月亮社"的故旧，也陆续去世。爱拉士姆·达尔文于 1802 年逝世，侨居在美国宾夕法尼亚州的普利斯特里也于次年去世。最后诀别的，是瓦特的终身挚友和合作伙伴博尔顿。

1809 年 8 月 19 日，博尔顿去世，享年 81 岁。博尔顿常年被肾病和胆结石所困扰，在病床上仍在操心铸币厂的事。当部下向他汇报完工厂的业务后，博尔顿平静地说："我已经到了和你们说再见的时候了。"说完，就闭上了眼睛，离

50 英镑纸币上的博尔顿(左)和瓦特肖像

开了人世。

瓦特得知博尔顿亡故的噩耗时，正在格拉斯哥附近旅行。瓦特非常悲痛，立即给在塞荷的小博尔顿去了一封悼念信。他写道：“具有他那种才能的人不多，而像他那种对人豁达大度和满腔热情的品质的人，是很难找出第二个的。”

后来，瓦特在回忆录里充满感恩地写道：

在事业上，能够弥补我容易失望、容易失去自信的缺点的人，就是乐天的博尔顿。在伯明翰，在塞荷，我得到了他所给予的一切援助。现在，世人之所以能够广受蒸汽机的恩惠，要归功于博尔顿对这项事业无比的关心和费心的经营以及高明的远见。假如没有博尔顿的帮助，单靠我个人的力量，我想这个发明恐怕就不会有今天的成就。

这是天才发明家的肺腑之言。

1819 年，瓦特年满 83 岁。7 月，他还去伦敦游览，但回到希斯菲尔德后不久就病倒了。

8 月 19 日，瓦特安详地离开了人世。他葬在汉兹沃思的圣玛丽教堂，就在离博尔顿不远的地方。在墓的上方，耸立着雕塑家钱特利雕刻的瓦特塑像，形象栩栩如生。瓦特的塑像被运到教堂之前，曾在塞荷揭幕，很多老雇员触景生

情，不禁潸然泪下。

《讣告》里对瓦特蒸汽机这样称赞道："它武装了人类，使人类虚弱无力的双手，变得力大无穷；它健全了人类的头脑，使其统辖最难以驾驭的东西。它为机械动力在未来创造奇迹、造福后人打下了坚实的基础。"

这是世人对瓦特蒸汽机的赞颂，也是对瓦特伟大功绩的讴歌。

他的英名永垂不朽！

为了纪念这位伟人，伯明翰的一所学校以瓦特的名字命名。在"月亮社"的纪念碑上，也有瓦特与蒸汽机的浮雕。瓦特的众多手稿被保存在伯明翰中心图书馆里，图书馆前矗立着瓦特的雕像。博尔顿的旧居后被辟为"马修·博尔顿博物馆"，用来纪念他与瓦特在蒸汽机发明方面的贡献。苏格兰有一些学院也以瓦特的名字命名，比如知名的詹姆斯·瓦特学院，还有爱丁堡的赫瑞—瓦特大学，其前身就是建立于1821年的瓦特艺术学校。在英国各地，有50条以上的道路以瓦特的名字命名，甚至在伦敦的威斯敏斯特大教堂也建有瓦特纪念碑。

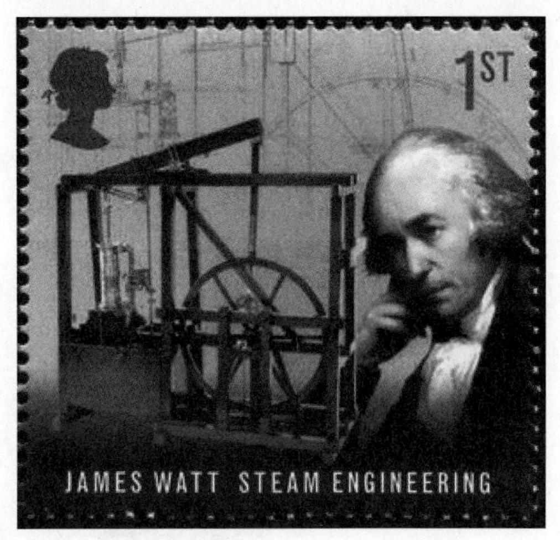

瓦特和他发明的蒸汽机(纪念邮票)

瓦特被誉为人类历史上最著名的发明家。美国作家查尔斯·穆雷在《人类成就》一书中，根据调查结果列出了历史上最知名的229位发明家，其中瓦特与爱迪生并列第一位。1978年美国学者麦克·哈特所著《影响人类历史进程的100位名人排行榜》中，瓦特因为发明蒸汽机而被列在第22位。

麦克·哈特在书中评价道："苏格兰发明家詹姆斯·瓦特被称为蒸汽机发明者，他是工业革命的关键人物。对蒸汽机的重要性无论怎样估计都不过分，它

瓦特纪念雕像

起着关键性的作用，没有它，工业革命就会面目全非。在历史上，工业革命与美国独立战争、法国大革命几乎在同一时期内发生。虽然人们当时似乎对工业革命认识不清楚，但是今天我们可以看出，它对人类日常生活的作用显然要比那两场伟大政治革命都重要得多。因此，詹姆斯·瓦特是历史上最有影响的人物之一。”

后人为了纪念他，把国际单位制中的功率单位定为“瓦特”。

瓦特墓

附:

瓦特生平简历

1736 年　1 月 19 日,詹姆斯·瓦特诞生于苏格兰西海岸的格里诺克。

1746 年　10 岁,被送进姆亚当学校读小学。由于性格内向,经常受同学们欺负。

1749 年　13 岁,考入格里诺克市的文法学校读中学。他的聪明才智逐渐表现出来,成绩在班上名列前茅。

1753 年　17 岁,母亲去世。父亲的生意开始走下坡路。

1754 年　18 岁,到格拉斯哥当学徒。认识了格拉斯哥大学教授迪克博士。

1755 年　19 岁,离开苏格兰,到伦敦学习仪器制造技术,拜摩根大师为师。

1756 年　瓦特返回苏格兰,为格拉斯哥大学修理仪器。

1757 年　格拉斯哥大学任命瓦特为“数学仪器制造师”,准许他在大学里开设了一间数学仪器修理店——附属科学仪器制造所。

1763 年—1764 年　瓦特为格拉斯哥大学修理一台出故障的纽科门泵模型。在修理过程中,瓦特发现纽科门泵的严重缺陷:每做一个冲程,汽缸必须冷却后再加热,其效率很低。

1764 年　28 岁的瓦特与表妹玛格丽特·米勒结婚。此后他们共养育了五个孩子,但只有两个成活。

1765 年　5 月,29 岁的瓦特找到了解决纽科门泵症结的办法——将冷凝器与汽缸分离。

1767 年　瓦特拜访著名的实业家马修·博尔顿。

年底，认识了企业家罗伯克。罗伯克对瓦特的发明很有兴趣，同意投资开发。

1768 年　8 月，瓦特设计制成一台带独立冷凝器的新式蒸汽机样机。

英国织布工哈格里夫斯发明的“珍妮纺纱机”取得专利。珍妮纺纱机大大提高了织布的效率。

1769 年　瓦特取得改进蒸汽机发明的专利，专利名为“减少火力发动机的燃料和蒸汽损耗的新方法”。

1770 年　长子小詹姆斯·瓦特诞生。

1773 年　妻子玛格丽特因难产去世。

罗伯克破产，三分之二的蒸汽机专利权归博尔顿所有，瓦特与博尔顿答成合作意向。

1774 年　瓦特从苏格兰搬家到英格兰的伯明翰，开始在塞荷制造厂工作。

瓦特与博尔顿合作成立了“博尔顿—瓦特公司”，将自己设计的蒸汽机投入生产。

1775 年　经博尔顿的不懈努力，英国国会终于通过法令，准予瓦特蒸汽机的专利期限由 14 年延长到 25 年。

1776 年　新式瓦特蒸汽机在布鲁姆菲尔德煤矿首次向公众展示，引起轰动。

瓦特娶安娜为第二任妻子。

1777 年　瓦特偕安娜前往康沃尔，在两个矿区安装新式蒸汽机。

塞荷制造厂雇用了默多克。

1778 年　瓦特发明了复印机。

1779 年　安娜的第一个儿子诞生，他就是瓦特的次子格雷戈里。

1780 年　瓦特申请复印机专利成功。

1781 年　瓦特根据助手默多克提出的思路，研制出“太阳与行星”的齿轮传动系统，并成功申请了专利。这一发明绕开了曲柄专利的限制，极大地拓展了蒸汽机的应用。

1782 年　瓦特的双向式蒸汽机取得了专利，专利名称为“用于抽水和其他目的的蒸汽机的若干革新与发明”。

瓦特为测定动力确定了一种标准单位马力。

1783 年　瓦特向英国皇家学会提交了一篇论文，题目为《论水的成分与氧的关系》。

1784 年　瓦特当选为爱丁堡皇家学会会员。

试制成功蒸汽锤，这种大型锻锤重 2200 磅（当时的锻锤只有 60 磅），每分钟可击打 300 次。

瓦特发明了平行运动装置，并申请了该项发明的专利。

1785 年　瓦特因改良蒸汽机的重大贡献，当选为英国皇家学会会员。

卡特赖特发明了水力织布机，使织布工效提高了 40 倍。

瓦特改进的蒸汽机首先在纺织行业投入使用，受到广泛欢迎。

1786 年　博尔顿和瓦特在伦敦亚尔比恩建成大型面粉厂，每小时可生产 5 吨面粉，是英国当时最大的机械化工厂。

1788 年　瓦特发明了离心式调速器。

1794 年　瓦特和博尔顿的公司更名为“瓦特—博尔顿公司父子公司”。长子詹姆斯·瓦特加入了蒸汽机事业。

15 岁的女儿珍妮特死于肺结核。

1799 年　蒸汽机专利权诉讼案胜诉。

1800 年　瓦特蒸汽机专利期满，与博尔顿的合作到期。64 岁的瓦特与博尔顿合作结束，于同年退休。这时，已有 84 家英国棉纺厂在使用瓦特新式蒸汽机，一些毛纺织厂也开始使用。

瓦特和博尔顿的合作延续到下一代。罗宾逊·博尔顿与小詹姆斯·瓦特继续合作，同时吸收威廉·默多克为合伙人，保证了公司的持续成功。

1804 年　由理查德·特里维西克设计的世界上第一辆蒸汽机火车，载着 10 吨铁和 70 个乘客成功地行驶了 14 千米。

次子格雷戈里死于肺结核，年仅 25 岁。

1806 年　格拉斯哥大学授予瓦特法学博士荣誉学位。

1807 年　美国发明家富尔顿制造出用蒸汽机做动力的轮船。

瓦特研制成功一种雕刻复制机。

1809 年　博尔顿去世，享年 81 岁。

1814 年　瓦特被接纳为法国科学院 8 名外籍会员之一。

斯蒂芬孙制造出双汽缸的蒸汽机车“布鲁海尔号”。

瓦特申请雕像复制机的专利。

1819 年　8 月 19 日，瓦特在希斯菲尔德寓所家中去世，享年 83 岁。